위기의 한국
추락이냐 도약이냐

위기의 한국
추락이냐 도약이냐

장기표

글통

[머릿말]

대한민국에 대한 인식과 평가는 사회양극화만큼이나 양극화되어 있다. 기적같은 성장을 이루어 선진국 대열에 들어섰다고 보고, 심지어 G7을 넘어 G2가 될 날도 머지않았다고 보는 견해가 있다. 경제력이 10위권에 든지는 이미 오래고, 최근에는 1인당 국민소득이 일본을 앞질렀다 하여 '이런 날이 올 줄을 어떻게 알았겠느냐'고 감탄하기도 한다.

그러나 다른 한편으로 대한민국은 세계에서 가장 살기 어려운 나라로서 이대로 가다가는 망할 수도 있다고 보는 견해가 있다. 대량실업과 소득양극화가 구조화되어 있는 가운데 사회적 불안과 갈등이 보통 심각한 것이 아니기 때문이다. 아동학대, 학교폭력, 성범죄, 흉악범죄, 마약, 다단계 사기, '묻지마 범죄' 등이 일상화되어 불안하기 그지없다. 사회적 갈등 또한 전 세계에서 가장 높은 편이다. OECD 38개국 가운데 멕시코와 이스라엘 다음으로 높다고 하고, 진영간, 계층간, 세대간, 성별간 갈등이 심각해서 가히 '갈등공화국'이라 할 만하다. 그야말로 '만인에 대한 만인의 투쟁'이 일상화되어 있는 상황이다.

그런데 대한민국이 얼마나 살기 힘든 나라인지를 보여주는 것은 합계출산율은 전 세계에서 압도적으로 꼴찌인 데다 자살률은 전 세계에서 부동의 1위를 차지하고 있다는 사실이다. 1972년에 출생아수가 102만명이었는데, 그로부터 30년 후인 2002년에는 출생아수가 49만6천명이었고, 그로부터 20년 후인 2022년엔 출생아수가 24만9천명으로 줄어, 이대로 가다가는 50년 후인 2074년에는 대한민국의 인구가 3600만명 정도 되리라고 한다.

인구가 줄어드는 것이 문제가 아니라 대한민국이 그만큼 살기 힘든 나라라는 것이 문제다.

왜 이렇게 되었는가? 기적같은 성장으로 경제가 전 세계가 우러러볼 정도로 성장한 것은 물론 K팝을 비롯해 K푸드, K뷰티, K컬처, K무비, K드라마 등 한류 또한 전 세계에 유행하고 있다. 여기다가 무엇보다 국토의 크기와 부존자원의 양, 인구의 수가 국력을 결정하는 시대가 아니라 지식과 기술이 국력을 결정하는 디지털문명시대를 맞아 우리 민족은 전 세계에서 지능지수가 가장 높은 민족인 만큼 세계적인 모범국가가 될 수 있는 좋은 여건을 충분히 갖추고 있다.

그런데도 왜 전 세계에서 가장 살기 힘든, 심지어 인구의 급격한 감소로 소멸할지도 모르는 나라가 되었을까?

한마디로 정치가 잘못되었기 때문이다. 지난 시대와는 전혀 다른 디지털문명시대 곧 신문명시대가 도래하고 있어 국가운영 방법으로서의 이념과 정책, 그리고 삶의 영위방식으로서의 세계관과 가치관을 전면적으로 바꾸어야 하는데도 구시대적 이념과 정책에 매몰되어 있기 때문이다. 무엇보다 성장주의와 '돈주의'에서 벗어나야 한다.

지금 한국정치는 비전도 전략도 없이 오직 집권욕에만 사로잡힌 여야 정치세력이 '적대적 공생관계'를 이루어 나라와 민생을 거덜내고 있다. 민주정치의 기본인 법치주의와 여론정치, 책임정치가 실종됨으로써 나라의 기강 자체가 무너져 '이게 나라냐' 하는 탄식이 절로 나오는 형국이다. 한국정치가 이렇게나 난장판이 되었던 때는 없었다는 점에서, 물극즉반 곧 사물이 극단에 치우치면 반전하게 되어 있다는 사물의 이치대로 이 난장판 정치는 반드시 극복되고야 말 것이다.

그런데 정치의 혁명적 개혁을 위해서는 인간이 진정으로 행복하게 살 수 있으려면 어떤 나라가 되어야 하는지를 똑바로 알고 이에 맞는 국정운영을 해야 한다. 국민소득이 늘어난다고 해서 행복할 수 있는 것은 아님을 아는 것이 무엇보다 중요하다. 미국, 영국, 독일, 일본 등 이른바 선진국들이 국민소득이 굉장히 높지만 행복한 삶을 살고 있는 것은 아님을 주목해야 한다. 특히 일본의 경우 21세기는 '일본의 세기'가 되리라는 기대를 불러모

았던 때가 있었으나, 정작 21세기에 접어들 무렵 일본은 '잃어버린 10'년을 시작으로 지금은 '잃어버린 30'년을 맞이하고 있다. 그래서 우리나라가 맞고 있는 여러 어려움은 우리나라만의 문제가 아니다. 그러나 우리나라가 유독 심하다.

그러면 어떻게 해야 할 것인가? 국정운영의 기조를 근본적으로 바꾸어야 한다. 인간이 어떻게 살아야 행복한지를 알고 거기에 맞는 국정운영을 해야 한다. 더 많은 소득과 소비, 더 많은 지배와 착취에 보람과 기쁨이 있는 것이 아니라, 창조하고 생산하고 봉사하고 절제하는 가운데 자기가 하고 싶은 일을 하면서 자아실현의 보람과 기쁨을 누리는 것이 최고의 행복임을 알고 이를 실현할 수 있는 국가운영, 삶의 영위가 이루어져야 한다.

이렇게 할 수 있으려면 국민의 기본생활 곧 의식주와 의료, 교육을 국가가 보장하는 사회보장제도를 확립한 가운데 일하고자 하는 모든 국민에게 일자리를 제공해야 한다. 이것은 결코 어려운 것이 아니다. 다만 우리가 갖고 있는 고정관념 곧 더 많은 소득과 소비가 행복의 원천이라는 고정관념을 극복하는 것이 무엇보다 중요하다.

우리 민족은 능히 세계적 모범국가를 건설할 수 있는 능력을 갖추고 있다. 이렇게 할 수 있는 물질적 조건을 이미 상당히 갖춘 터라 우리가 정신만 차리면 얼마든지 살기 좋은 대한민국을 건설할 수 있다. 그래서 우리는 사회혁명에 앞서 의식혁명을 먼저 해야 한다. 이 책은 이런 문제의식에서 쓴 것임을 밝혀둔다.

그런데 마침 우리 민족의 숙원이자 민족웅비의 토대가 될 민족통일의 여건이 조성되고 있다. 반통일적인 김정은 정권이 붕괴되어야 민족통일이 가능한 터에 마침 김정은 정권이 붕괴할 조짐을 보이고 있기 때문이다. 민족통일과 관련된 말이나 남한에 대한 동경심을 조금이라도 불러일으킬 수 있는 말을 쓰면 엄벌에 처한다는 법령을 제정한다는 것 자체가 북한의 체제와 정권이 막다른 골목에 들어섰음을 의미하기 때문이다. 전쟁이나 안 나면 다행이라는 생각이 들 정도의 위기의 상황인 것 또한 분명하지만, 그러나 북한의 체제와 정권의 위기를 민족통일의 기회로 삼아야 하는 것 또한 분명하다. 어쩌면 이 위기를 극복하는 것은 물론 북한의 핵위협을 극복하기 위해서도 민족통일을 적극 추진해야 하고, 이러려면 민족통일을 적극 추진할 정치세력이 나와야 한다.

끝으로 고위공직자의 특권폐지와 관련된 글을 첨부한다. 여와야, 보수와 진보, 나아가 전 정권과 현 정권의 구분 없이 권력을 가진 특권층이 '특권카르텔'을 형성해서 온갖 불법과 부정을 저지르고 있는데, 이 '특권카르텔'을 혁파하지 않고는 결코 국민이 행복한 나라는 될 수가 없다. 특권을 없애는 것이야말로 진정한 민주화이기 때문에 더욱더 그렇다.

아무쪼록 부족한 점이 너무나 많지만 필자의 충정을 담아 쓴 만큼 '신문명정치'를 준비하는 데 다소라도 도움이 되기를 바란다.

2024년 6월 21일
장 기 표

| CONTENTS |

1장

문제제기

1
사회현안을 해결할 방안을 알고 있기는 한가?

요즘 많은 사람들이 '알 것은 다 안다'고 생각한다. 특히 정치와 관련하여 '정치인보다 국민이 더 잘 안다'고 말하는 사람들도 많다.

과연 알 것은 다 알까? 정치인보다 국민이 더 잘 알까? 결론부터 말하면 정치인도 잘 모르지만 국민도 잘 모른다. 자기가 모른다는 것도 몰라서 아는 체하고 넘어가는 경우가 대부분이다.

지금 우리 사회에서 심각한 사회문제가 되고 있는 청년실업, 비정규직, 노후불안, 연금개혁, 공교육붕괴 등의 해법을 그 방면의 전문가나 정치인 또는 국민들이 알고 있을까? 알고 있다고 보기 어렵다. 만약 알고 있다면 왜 그 문제들이 오래도록 해결되지 않고 있겠는가?

그런데 우리나라에서만 모르는 것이 아니라 다른 나라들에서도 모른다. 미국, 영국, 프랑스, 독일, 일본 등 선진국이란 나라들도 오래도록 그런 문제로 골치를 앓고 있으니 말이다.

이런 일이 있었다. 2008년 미국 발 금융위기가 전 세계 경제를 침체케 했을 때 영국의 엘리자베스 여왕이 런던정경대학을 방문해서 그 대학 경제학 교수들에게 '금융위기가 도래할 것을 왜 예측하지 못했느냐'고 질책했는데, 이에 대한 답변서에서 이렇게 말했다고 한다. '영국뿐만 아니라 전 세계의 지식인들이 금융시스템의 위험요소를 전체적인 맥락에서 파악하지 못하는 오류를 범했다'고 말이다. 영국의 지식인들만 모른 것이 아니라 전 세계의 지식인들이 몰랐다는 것이다.

또 이런 일도 있었다. 2009년 노벨경제학상 수장자이기도 한 미국 프린스턴 대학교의 폴 크루그만 경제학 교수가 한국경제TV가 주최한 '세계경제금융 콘퍼런스'에서 주제발표를 한 일이 있었는데, 그는 이 주제발표에서 '나도 경제침제의 해법을 찾기 위해 노력했으나 나는 그 해법을 찾지 못했다'고 말했다. 크루그만 교수는 경제침체의 해법을 모르는데 다른 교수들은 알까? 모른다. 안다면 경제침체의 해법을 제시했을 텐데 제시한 일이 없으니 말이다.

예를 하나만 더 들겠다. 일본이 1995년 무렵부터 경제가 침체되어 10년 동안 회복되지 못했다. 이른바 '잃어버린 10년'이 되었고, 그 뒤에도 경제침체가 계속되어 '잃어버린 20년'이 되었으며, 지금은 '잃어버린 30년'에 접어들고 있다. 그런데도 경제침체의 원인과 해법을 제시한 사람이 없었다. '잃어버린 10년' 동안 수상이 12명이나 바뀌었지만 경제는 회복되지 못했다. 일본의 지식인이나 정치인들만 일본 경제침체의 원인과 해법을 모른 것이 아니라 전 세계의 지식인과 정치인들도 몰랐던 것이다.

그런데 경제침체와 소득양극화, 대량실업, 환경파괴, 인간성 상실 등에 대한 해법을 모르는 것은 우리나라나 다른 나라나 마찬가지이지만, 특히 우리나라는 정치적 편 가르기에 따른 확증편향으로 사회문제의 해법을 모르는 것은 고사하고 사실 자체를 왜곡해서 이해하거나 자기의 견해와 다른 견해에 대해서는 적대감을 갖는 경우가 대단히 많다. '무식하면 용감하다'는 말대로 무식할수록 자기주장을 더 강하게 고집한다.

특히 유튜버 등 소셜 미디어가 발달해 있어 자기 마음에 드는 소셜 미디어만을 보게 됨으로써 확증편향이 더욱더 심해진다. 그래서 사실상 정신이상자가 된 사람들이 편을 갈라 상대방을 무차별 공격하게 되니 '무지의 대결', '무지의 광란'이 연출된다. 이성적 판단, 합리적 토론은 찾을 길이 없고 오직 내 편 네 편만 있게 된다. 이러니 사회문제에 대한 올바른 해법을 찾아내기가 더욱더 어렵게 된다.

이래서 되겠는가? 이래서는 안 된다. 경제침체 등의 해법을 찾아내지 못해서도 안 되지만 국민들이 편을 갈라 싸우게 되니 안 된다.

어떻게 해야 이런 무지와 확증편향에서 벗어날 수 있을 것인가? 무엇보다 먼저 자기가 알고 있는 것이 틀릴 수도 있다는 것을 인식해야 한다. 누구나 틀릴 수 있고, 나도 틀릴 수 있다는 것을 아는 것이 진짜 똑똑한 것이다.

신문이든 방송이든 또는 유튜브든 한 가지만을 오래 보면 반드시 확증편향에 빠질 수 있음을 유념해야 한다. 그래서 한 가지 매체만을 오래 보았다면 자기가 확증편향에 빠져 있을 수 있다고 보고, 다른 매체를 보면서 자기의 견해를 수정하도록 노력해야 한다. 내가 확증편향에 빠져 나와 견해가 다른 사람을 악마로 보면 상대방도 나를 악마로 본다는 것을 인식해야 한다. 내가 변해야 상대방도 변할 수 있다. 그래서 상대방을 변화시키기 위해서도 내가 먼저 변해야 한다. 나는 옳고 상대방은 틀렸다고 확신할지라도 말이다. 이래야 우리 사회가 합리성을 회복할 수 있다.

그래서 우리의 삶을 어렵게 하는 여러 사회현안에 대한 올바른 해법을 갖고 있지 못함을 드러내는 몇 가지 예를 들어보고자 한다.

비정규직과 청년실업이 이토록 오래 우리 사회를 힘들게 하는데도 이에 대한 해법을 제시한 사람이 없다.

외국인 노동자문제도 당장 필요하니까 어쩔 수 없이 받아들이고 있지만 근본적으로 외국인 노동자들이 이렇게나 많이 들어와 있는 것이 과연 대한민국을 위해서 필요한 일인지를 생각해봐야 한다. 지금 외국인 노동자는 약 130만명이고, 이것은 국내 체류 외국인 약 250만명의 절반을 차지한다고 한다.

외국인 노동자가 없으면 사업을 할 수 없다는 사람들이 많은데, 이 말이 틀린 말은 아니지만, 그렇다고 해서 이것이 외국인 노동자의 유입을 정당화하는 것이 되어서는 안 된다.

우리나라에는 약 500만명의 실망실업자가 있는 터에 외국인 노동자들이 계속해서 유입되게 하는 것은 대단히 잘못된 것이다. 근본적으로 국가경영을 잘못하기 때문에 생기는 현상임을 알아여 하고, 외국인 노동자들이 이렇게나 많이 유입되지 않아도 될 수 있는 국가운영을 해야 한다.

이렇게 하려면 임금과 물가가 대폭 낮아지게 해야 하고, 이렇게 하려면 사회보장제도를 확립해야 한다.

입시지옥의 경우 입시지옥을 없애야 한다는 주장이 그동안 얼마나 많았는가? 그래서 입시지옥을 없애기 위해서 입학시험 방법을 셀 수 없을 정도로 바꿨다. 본고사를 폐지하고 수능(수학능력시험)을 치르는가 하면, 선지원 후시험, 선시험 후지원, 수시입학제, 입학사정관제, 농어촌특별전형 등 입시방법만 모아도 책이 한 권 될 정도이지만 입시지옥은 없어지지 않고 있다. 근본적으로 좋은 대학을 나오지 않더라도 인간답게 살아갈 수 있는 나라가 되어야 입시지옥이 없어질 수 있다. 일류대학을 나와도 대기업 정규직으로 취업할 수 있는 나라를 만들어놓고서, 심지어 좋은 대학을 나오지 않으면 결혼도 하기 힘든 나라를 만들어놓고서 입시지옥을 없애보려 한들 입시지옥이 없어질 수가 없다.

고교평준화의 경우도 마찬가지다. 찬반양론이 있으나 고교평준화는 폐지하는 것이 맞다. 찬반양론에는 나름대로 일리가 있다. 그러나 고교평준화를 없애면서 그에 따른 부작용을 없앨 방안을 강구해야지, 고교평준화가 공교육붕괴의 주된 요인이 되고 있는데도 고교평준화를 고집하는 것은 어리석기 짝이 없는 일이다. 그런데도 수십년째 소모적인 논쟁만 거듭하고 있다.

지금 대한민국의 공교육은 완전히 붕괴되었다. 이를 모르는 국민이 없다. 공고육이 붕괴되면 나라의 장래가 암담할 수밖에 없다. 학업에 열중해야 할 중고등학생들이 학교에서는 친구들과 장난을 치거나 낮잠을 자고 밤에는 늦게까지 학원에 가서 공부를 해야 하니, 이게 말이 되는가?

국민 모두가 공교육붕괴를 걱정하고 있지만, 특히 교육을 담당하고 있는 중고교 교사 25만여명과 중고교 학생 250만여명, 학부모 수백만명이 공교육붕괴를 체감하고 있다. 이것이 청소년의 건강과 학습에 얼마나 해로운지를 지켜보고 있다. 그런데도 이에 대한 해법을 내놓지 못하고 있다. 교육부 등 교육기관과 교육전문가들도 이 문제에 관한 한 손을 놓고 있다. 정치권도 해법을 내놓지 못함은 물론이다. 특히 공교육붕괴는 나라의 장래를 암담케 하는 가장 중대한 사안인데도 공교육 붕괴는 사실상 방치되고 있다.

이런 문제가 한둘이 아니다. 저출산 문제도 마찬가지인데, 이에 대해서는 별도로 알아보고자 한다.

왜 이럴까? 시대상황이 바뀌었으면 새로운 시대상황에 맞는 지식이 나와야 하는데, 그러지 못했기 때문이다. 산업의 정보화로 산업문명시대가 가고 정보문명시대가 도래했는데도 산업문명시대의 지식에 기반하여 이념과 정책을 강구하고 있을 할 뿐 정보문명시대의 지식에 기반하여 이념과 정책을 강구하지 못하는 때문이다. 필자가 신문명 사상, 신문명 이념, 신문명 정책, 나아가 신문명정치를 주창하는 이유가 여기에 있다.

그런데 역사적 대변화기에는 지식으로 역사의 발전방향 내지 사회문제의 해결방안을 제시할 수 있는 것이 아니다. 지혜의 눈을 가진 경세가라야 한다. 그런 점에서 지식인이 역사의 발전방향 내지 사회문제의 해결방안을 제시하지 못하는 것은 어쩌면 당연하다.

정보문명시대의 지식과 이에 기반한 이념과 정책은 필자의 '장기표의 행복정치론'에 기술되어 있어 여기서는 생략한다.

2
저출산의 근본원인과 근본대책

1) 저출산 왜 문제인가

저출산이 우리 사회에서 심각한 문제가 된 지는 이미 오래다. 1971년 합계출산율이 4.54명으로 출생아수가 102만4773명이었으나, 그로부터 30년 후인 2001년에는 합계출산율이 1.3명으로 출생아수가 55만9934명이었다. 30년 만에 출생아가수가 거의 반으로 준 것이다. 그로부터 20년 후인 2021년에는 합계출산율이 0.8명으로 출생아수가 26만562명으로 또 거의 반으로 줄었다. 30년 또는 20년 만에 출생아수가 반으로 준다는 것은 대단히 심각한 문제다.

그리고 2022년에는 합계출산율이 0.78명, 2023년에는 합계출산율이 0.72명이었는데, 2024년에는 0.6명대로 떨어질 전망이다. 그리고 현재의 저출산이 지속될 경우 2024년 5128만5253인 인구가 2028년 정점인 5194만명이 되었다가 2072년에는 3600만명으로 감소할 것으로 전망하고 있다. 이것도 2030년경부터는 합계출산율이 현재보다는 조금 높아져 1.2명 정도는 될 것으로 전망하고서 나온 통계이다.

이것은 전 세계에서 가장 낮은 합계출산율로 OECD평균인

1.59명의 절반에도 미치지 못한다. 전 세계에서 합계출산율이 1.0명 이하인 나라는 우리나라뿐이다.

* 합계출산율이란 한 여자가 가임기간(15-49세)에 낳을 것으로 기대되는 평균 출생아수를 말한다. 현재의 인구를 유지하기 위해서는 합계출산율이 2.1은 되어야 한다. 부부 곧 남녀 2명이 적어도 아이 2명은 낳아야 현상유지가 된다는 것이다. 당연한 일이다.

그래서 온갖 저출산 대책이 나오고 있다. 무엇보다 2005년에는 대통령 직속으로 대통령이 위원장을 맡는 '저출산고령사회위원회'가 출범하고서 저출산 극복을 위한 많은 노력을 하고 있다. 정부는 2006년부터 2023년까지 17년 동안 저출산 대책비로 312조원을 투입했으나 합계출산율은 급격하게 떨어지고 있다.

출산장려금만 지급하는 것이 아니다. 출산휴가, 육아휴직, 돌봄교실, 신혼부부 주택공급, 양성평등 강화 등 다양한 저출산 대책을 강구하고 있다. 중앙정부만 저출산 대책을 강구하는 것이 아니라 지자체도 많은 지원을 하고 있다. 인천시의 경우 18세까지 무조건 1억원을 지원하고 개인별 상황이나 소득 등 자격에 따라서는 3억4천만원까지 지원한다고 한다. 다른 지자체들도 마찬가지다. 다양한 출산장려책을 강구하고 있다.

기업도 나서고 있다. 대표적으로 주식회사 부영의 경우 이중

건 회장이 출산하는 사원에게는 1억원 씩 지급한다고 하고, 부영 이외에도 출산장려금을 지급하는 기업이 대단히 많다.

그런데도 왜 출산율은 오르기는커녕 내리기만 할까? 심지어 대한민국이 소멸할 것이란 전망까지 나오는 것일까?

2) 저출산의 근본원인

출산율이 낮은 것은 여러 사회문화적인 요인이 없는 것은 아니지만 근본적으로 대한민국이 살기 어려운 나라이기 때문이다. '나도 이렇게나 살기 힘든데 아이까지 낳아 이런 고생 시키고 싶지 않다'는 것이다. 말하자면 대한민국이 전 세계에서 가장 불행한 나라이기 때문에 출산율은 가장 낮고 자살률은 가장 높은 것이다.

합계출산율이 1.0명 이하인 나라는 대한민국 뿐이거니와 자살률은 전 세계에서 가장 높다. 대한민국의 자살률은 인구 10만명 당 25.2명으로 전 세계에서 10위이고, 국민소득이 1만 달러 이상인 나라에서는 압도적으로 1위이다. OECD 38개국의 평균 자살률이 인구 10만명당 10.9명인 데 비해 한국은 23.5명으로 2배가 넘는다. 1년에 자살하는 사람이 13800여명이고 하루에 자살하는 사람이 38명에 이른다. 출산율은 전 세계에서 압도적으로 꼴찌이고 자살률은 압도적으로 1위이니, 왜 이렇겠는가? 우리나라가 전 세계에서 가장 살기 힘든 나라 곧 전세계에서 가장 불행한 나라이기 때문이다. 다만 국민소득이 높고, 또 선진국 진입 운운할 정도로 발전한 나라라는 환상 때문이다. 착각하고 있는 것이다.

유엔산하 자문기구인 '지속가능발전해법네트워크'가 발표한 '2022세계행복보고서(2022 World Happiness Report)에 의하면 한국의 행복지수는 전 세계 146개국 가운데 59번째로 나타났다. 국내총생산(GDP), 기대수명, 사회적 지지, 자유, 부정부패, 관용 등 6개 항목의 3년치 자료를 토대로 산출한 행복지수여서 이만한 등수라도 나오지 삶의 질 내지 주관적 행복지수로만 따지면 이 역시 전 세계에서 꼴찌일 가능성이 대단히 크다.

그래서 출산율이 낮은 것은 대한민국이 살기 힘은 나라이기 때문인 터에 출산장려금을 많이 주는 것으로는 저출산 문제가 해결될 수 없다. 결국 대한민국을 살기 좋은 나라로 만들어야 하고, 살기 좋은 나라를 만드는 데 가장 중요한 것은 사회보장제도를 확립하는 것이다. 이렇게 하려면 역시 비용이 들어가는데, 이때 써야 할 비용을 출산장려금으로만 쓴다면 대한민국은 더 살기 힘든 나라가 되어 출산율은 더 떨어질 것이다. 이것을 통찰해야 한다.

3) 왜 살기 힘든 나라가 되었는가?

그러면 왜 대한민국은 살기 힘든 나라가 되었는가? 중요한 몇 가지 이유만 밝혀둔다.

첫째, 심각한 소득양극화

- 대기업과 중소기업, 정규직과 비정규직, 취업자와 실업자, 남자와 여자, 기성세대와 청년세대,

- 양극화의 극단화와 전면화 - 악순환 – '20 대 80'의 사회에서 '1 대 99의 사회'로.

* 지금 대한민국이 이런 붕괴 직전의 상황에 직면해 있는데도, '한강의 기적', '유사 이래 가장 잘 사는 때', '선진국 진입', '전 세계가 부러워하는 나라'라고 말하면서 과거 정권을 칭송만 해서 되겠는가? '기적처럼 성장했으나 기적처럼 붕괴할 수 있음'을 직시해야 함. 전 세계에서 이렇게나 급격하게 붕괴해가는 나라는 없음.(자살률은 1등, 출산율은 꼴찌)

* 양극화가 기적 같은 붕괴의 가장 중요한 요인임에도 불구하고 양극화를 극복할 정책을 내놓기보다 오히려 양극화를 심화시킬 정책을 내놓는 경우가 많음.(성장 강조, 자유 강조, 고소득에 대한 세율 인하, 상속세 폐지 금투세 폐지 등)

* 어느 한 정부 탓일까? 어느 한 정부의 탓으로 돌리는 경향이 있는데, 이렇게 하면 문제의 본질을 보지 못해 더 어려워짐.

* 여러 측면에서 성장은 했는데, 비인간적인 사회를 만들어왔을 뿐만 아니라 사회를 붕괴시킬 요인들을 축적해옴. (양극화, 부정부패, 가치관 전도, 한탕주의, 폭력, 돈주의 등).

둘째, 생존을 건 치열한 경쟁

경쟁이 너무 심하다. 지나친 경쟁이 사회적 갈등을 심화시키는 것은 물론 인간성을 파괴하는데도 경쟁을 정당시한다. 경쟁에서 지더라도 자신이 살아가는 데는 문제가 없어야 하는데도 경쟁에서 지면 패배자가 되어 인생을 망가뜨리는 경우가 대단히 많다.

그래서 경쟁에서 이기지 않더라도 인간답게 살아갈 수 있는 나라를 만들어야 한다. 그런 나라가 되면 경쟁에서 이기기 위해서 열심히 하는 것이 아니라 자아실현을 위해서 열심히 하게 된다.

셋째, '돈주의'의 만연과 인간성 상실

세상에는 가치 있는 것이 많이 있는데, 오직 돈이 최고의 가치가 되어 있다. 사람이 돈을 지배하는 것이 아니라, 돈이 사람을 지배하니 사람이 돌아버린다.

* 모든 사람이 행복하게 살 수 있는 방안을 강구해야 이 모든 문제가 해결됨.

넷째, 성적이 우수한 학생들이 의과대학으로 몰리는데 왜 이렇겠는가? 의사가 되어야 잘 살 수 있다고 보기 때문이다. 그럼 의과대학을 나오지 못한 사람들은 살기 힘들다는 것을 의미하는데, 이런 나라가 되어서 되겠는가? 또 성적이 우수한 학생들이 의과대학으로 몰리는 나라가 발전할 수 있겠는가?

4) 저출산문제의 근본적 해결책

(1) 사회보장제도의 확립으로 국민의 기본생활인 의식주와 의료, 교육을 국가가 보장해야 함.

- 이렇게 함으로써 대학을 나왔든 나오지 않았든, 일류대학을 나왔든 나오지 않았든, 어떤 직업을 갖든, 능력이 있든 없든 누구나 의식주와 의료, 교육 등 기본적인 생활은 할 수 있어야 함.

- 또 이렇게 해야 사생결단식의 경쟁이 없어짐.

- 국민의 기본생활을 보장하는 사회보장제도를 확립하면 온갖 종류의 복지지출이 단순화됨. 이렇게 하면 사회보장비용도 절감되고 복지사각지대도 없어지며 양극화에 따른 여러 사회문제도 최소화함.

(2) 일할 수 있는 모든 국민에게 자아실현의 활동 기회를 제공해야 함.

(3) 위와 같은 제도를 도입한 가운데 출산휴가, 육아휴직, 돌봄휴가, 늘봄학교 확대, 양육비 지원 등의 정책이 강구되어야 함.

3
나라도 망치고 나도 바보 만드는 확증편향

팬덤정치가 한국 정치의 최대 암적 요소가 되고 있다. 특정 정치인을 무조건적으로 지지함으로써 합리적 토론이 불가능하게 하는 것도 문제지만, 자신들과 견해를 달리하는 정치인에 대해서는 온갖 수단을 동원해서 협박하거나 비난함으로써 국민을 분열시키는 것이 더 큰 문제다. 한 마디로 팬덤정치는 민주주의를 철저히 파괴하게 된다.

그런데 여기서는 팬덤정치의 폐해를 따지기보다 왜 이런 망국적인 팬덤정치가 극성을 부리게 되는지를 따져 이를 극복할 방안을 함께 찾아보고자 한다.

왜 팬덤정치가 극성을 부리게 되었을까? 팬덤 곧 특정 정치인 지지자들은 자신들이 그 정치인의 장점을 잘 알기 때문에 자발적으로 지지하는 줄로 생각한다. 과연 그럴까? 그렇지 않다. 설사 어떤 정치인에게 장점이 있다 하더라도 무조건 지지해서는 안 된다. 어떤 정치인도 나름대로의 흠결을 갖고 있기 때문이다.

그러면 왜 특정 정치인을 지지하게 될까? 기본적으로 무식해서 그렇다. '무식하면 용감하다'는 말대로 무식하니까 특정 정치인을 좌고우면함이 없이 막무가내로 지지하게 된다. 무식하게 된 이유는 많을 수 있지만 대부분 뉴스를 편식한 때문이다. 유튜버나 카톡방, 페이스북 등에서 한두 군데만 보게 되면 확증편향에 사로잡혀 판단력을 잃게 된다. 신문이나 방송은 비록 편향적이라 하더라도 뉴스를 종합적으로 다루기 때문에 편향이 덜 심할 수 있음에도 불구하고 C신문만 6개월 이상 본 사람과 H신문만 6개월 이상 본 사람은 확증편향에 사로잡히게 마련이어서 서로 대화가 될 수 없다. 특정 유튜버만을 보는 사람들이나 특정 카톡방에서만 정보를 얻는 사람들의 확증편향은 더 심할 수밖에 없다.

지금 우리 사회에는 가짜 뉴스가 범람하고 있다. 유튜버, 카톡, 페이스북 등 가짜 뉴스가 범람하기 좋은 미디어 환경 때문이기도 하지만, 근본적으로는 가짜 뉴스를 신봉하는 사람들이 많기 때문이다. 가짜 뉴스를 신봉하는 사람들은 대부분 확증편향에 사로잡힌 사람인데, 이들은 가짜 뉴스가 가짜인지를 알지 못한다. 가짜 뉴스는 대체로 황당무계한 것이 많은데, 확증편향에 사로잡힌 사람들은 황당무계한 것을 더 잘 믿는다.

그런데 확증편향에 사로잡혀 특정 정치인을 맹목적으로 지지하는 사람들은 정치를 왜곡하고 국민을 분열시켜서도 나쁘지만 자기 자신을 바보로 만들어서 더 나쁘다. 철학사상에 회의주의와 불가지론이라는 것이 있는데, 인간이 어떤 사물을 정확히 안다는 것은 불가능하다는 것이다. 확정편향에 사로잡힌 사람일수록 자기가 가장 잘 안다고 생각하는 경향이 있는데, 어리석기 짝이 없는 일이다. 자기가 옳다고 생각하는 것이 절대적으로 옳다고 생각한다면, 그런 사람은 똑똑한 사람이 아니라 어리석은 사람이다. 자기의 견해가 옳다고 확신할 수는 있지만, 그것이 절대적으로 옳다는 보장은 없다. 플라톤, 아리스토텔레스, 데카르트, 몽테뉴 등 철학자들이나 소크라테스, 공자, 석가 등 성현들은 중용 내지 중도의 덕을 강조했는데, 이것은 확증편향에 사로잡혀서는 안 된다는 것을 경계한 때문일 것이다.

지금 한국정치는 확증편향에 사로잡힌 팬덤에 의해 왜곡을 넘어 파괴되고 있는데, 이것은 나라도 망치고 자기도 망친다. 절대적으로 옳은 것도 절대적으로 틀린 것도 없는 만큼 특정 정치인을 절대적으로 신봉하거나 절대적으로 반대하는 일은 없어야 하겠다!

2장

왜 자아실현의 신문명정치여야 하는가?

1
경제가 더 성장하면 국민이 행복할까?

지금 우리나라의 국민소득이 대체로 3만6천달러인데, 이것은 상당히 높은 국민소득이다. 그래서 인구 5천만명 이상의 나라로 국민소득이 3만달러 이상인 나라를 일컫는 '30-50클럽'에 전 세계에서 7번째로 들었고, 그래서 선진국 대열에 들어섰다고 볼 수 있다.

그러면 국민이 행복한가? 전혀 그렇지 못하다. 국민행복지수가 전 세계 137개국 가운데 57위 정도 되는데, 국민의 체감행복도는 이보다 훨씬 뒤진다. 국민이 행복하기는커녕 굉장히 불행하게 살고 있다. 그래서 국민소득이 늘어나기를 바라는 사람들이 대단히 많고, 정치권도 여야 가릴 것 없이 국민소득이 늘어나게 하려고 경제성장을 강조하고 있다.

그러면 국민소득이 증대되면 국민이 행복할까? 국민소득이 3만6달러인 지금 국민이 온갖 어려움을 겪고 있는데, 국민소득이 5만달러나 10만달러가 되면 국민이 행복할 수 있을까? 국민소득이 5만달러나 10만달러가 되어도 국민이 행복할 수가 없다.

국민소득이 5만달러나 10만달러가 되어도 국민이 행복할 수 없을 것 같은데도 국민소득의 증대를 위해 힘을 쏟고 있는 이유는 무엇인가? 잘못된 행복관과 관성 때문이다. 국민소득의 증대로 국민이 행복할 수 없다면 국민이 행복하게 살 수 있는 방안을 찾아내야 할 텐데 그 방안을 찾으려는 생각은 별로 하지 않는다.

거듭 말하지만 국민소득이 3만달러일 때 국민이 행복하지 못하면 국민소득이 5만달러, 10만달러가 된다고 해서 국민이 행복하게 살 수 있는 것은 아니다. 더 불행해질 가능성이 대단히 크다. 이것은 소위 선진국이라는 미국이나 일본, 서유럽의 여러 나라를 보면 알 수 있다. 미국의 국민소득은 8만달러가 넘는다. 일본도 국민소득이 4만달러 가까이 되고, 서유럽의 여러 나라 국민소득도 5만달러 내지 8만달러가 된다. 이 나라 국민들이 행복한가? 우리나라에 비하면 국민의 삶이 상당이 안정되어 있긴 하지만 국민들이 행복하다고 할 수는 없다. 온갖 사회문제로 고통을 겪고 있고, 불안해하고 있다.

그래서 국민이 진정으로 행복하게 살 수 있는 방안을 찾아내야 한다. 나는 이 방안을 '장기표의 행복정치론'이란 책을 통해 밝혀 두고 있다. 여기서는 국민소득이 높지 않으면서도 국민이 행복한 부탄이라는 나라의 사정을 잠깐 소개해두려고 한다.

부탄은 인구 80만명 정도의 소국이고 전 인구의 70% 이상이 불교를 숭상하는 독특한 나라이긴 하지만 국민행복과 관련해서는 배울 점이 많은 나라다. 국민소득이 3천달러(구매력지수로는 국민소득이 약 1만달러) 정도 밖에 안 되지만 국민행복지수로는 세계에서 10위권 안에 들며 국민의 97%가 자신이 행복하다고 생각한다고 한다. 이렇게 된 데는 1972년 제4대 국왕인 지그메 싱기에 왕추크가 국정운영의 지표로 국민총생산(GNP)이 아니라 국민행복지수(GHP)라는 것을 개발하여 이에 기초해서 국정을 운영하기 때문이다. 국민행복지수는 평등하고 지속적인 사회경제 발전, 전통가치의 보존 및 발전, 자연환경의 보존, 올바른 통치구조를 4대 축으로 9개 영역, 33개 지표를 통해 측정한다.

우리도 국가운영방안과 삶의 영위방식을 근본적으로 바꾸어야 한다. 더 많은 소득과 더 많은 소비를 위해 경제성장 곧 국민소득증대에 몰두할 것이 아니라 국민이 진정으로 행복할 수 있는 국가운영방안과 삶의 영위방식을 개발해야 한다. 이렇게 하지 않고 경제성장을 통한 국민소득의 증대에만 몰두해서는 결코 국민이 행복하게 살 수가 없다.

더욱이 코로나 19라는 역사적 대재난이 인류에게 성장지상주의에서 벗어날 것을 경고하고 있는데도 인류가 이를 알아차리지 못해 성장지상주의에서 벗어나지 못하고 있으니 인류의 앞날이 암담하다. 우리나라만 성장지상주의에서 벗어나지 못하는 것이 아니라 다른 나라들도 비슷하다.

그러면 국가운영방안과 삶의 영위방식을 어떻게 바꾸어야 할 것인가? 우선 중요한 몇 가지만 지적해두고자 한다.

우선 가치관을 바꾸는 것이 무엇보다 중요하다. 더 많은 소유와 소비에서 보람과 기쁨을 얻는 것이 아니라 창조하고 생산하며 봉사하고 절제하는 데서 보람과 기쁨을 얻는 가치관을 정립해야 한다. 소유와 소비가 아니라 자아실현에서 보람과 기쁨을 얻는 가치관을 정립해야 한다. 이렇게 하면 더 많은 생산과 더 많은 소비에 매달리지 않게 된다.

그리고 이런 가치관에 따라 행복하게 살 수 있게 하려면 두 가지 조건이 확보되어야 한다. 하나는 국민의 의식주와 의료, 교육을 국가가 보장하는 사회보장제도를 확립하는 것이고, 다른 하나는 모든 국민에게 일자리를 제공하는 것이다. 이 경우의 일자리는 전통적 개념의 일자리만이 아니고 자아실현을 할 수 있는 공적 일자리를 포함한다.

그래서 이 점을 강조해두고자 한다. 비단 국가적 차원이 아니라 개인적 차원에서도 더 많은 소유와 더 많은 소비에 행복이 있는 것이 아님을 인식해야 하겠다. 의식주와 의료, 교육에 어려움을 겪을 정도가 아니면 돈을 더 많이 벌거나 더 좋은 물건을 가지는 데서 행복을 누리려 할 것이 아니라 자기가 하고 싶은 일을 하면서 보람과 기쁨을 느낄 때 가장 행복할 수 있음을 알고 이를 실천해야 하겠다. 이렇게 해야 오늘의 고통에서 벗어나 인생 최고의 행복을 누릴 수 있다.

내가 '신문명정치' 내지 '자아실현의 정치'를 주장하는 이유다.

2
왜 자아실현을 추구해야 하는가?

1) 자아실현의 의미와 유래

자아실현이란 자기가 하는 일에서 보람과 기쁨을 얻어 인간이 이룰 수 있는 최고의 행복을 이루는 것을 말한다. 자아실현이란 말은 마르크스가 말한 인간해방과 같은 말로, 종교에서 말하는 해탈(열반)이나 구원(자유)과도 같다.

인간해방은 마르크스가 제시한 이념이라고 할 수 있다. 마르크스 이전에는 종교처럼 상당히 추상적인 이상사회를 추구한 일이 있을 뿐이다. 마르크스처럼 인간의 해방된 삶을 제약하는 구체적인 요인들을 분석하면서 인간해방을 이룰 수 있는 이념과 정책까지 제시한 사람은 없었다.

인간해방은 기독교나 불교 등 종교가 추구하던 목표였다. 그러니까 종교를 통해서나 이룰 수 있는 것으로, 그래서 어쩌면 이상으로만 존재할 뿐 인간의 노력으로 이루기는 힘든 것으로 보였던 인간해방을 마르크스는 사회정치적인 방법으로 이룰 수 있다고 보고, 이를 이룰 방안으로서 사회주의(공산주의)를 제창했던 것이다.

특히 마르크스는 인간활동의 중심내용인 노동이 소외된 노동이 아니라 해방된 노동이 되게 하면 인간의 해방된 삶이 이루어질 수 있다고 보고, 소외된 노동 곧 노동의 소외를 극복할 수 있는 사회주의(공산주의)사회가 이루어지면 인간해방이 구현될 수 있을 것으로 보았다.

이처럼 인간해방의 이념은 마르크스가 최초로 제시했기 때문에 인간해방이란 말을 쓰면 곧바로 마르크스주의를 추종하는 것으로 인식되어온 것이 저간의 사정이었다. 인간해방은 인간이 바라는 최고의 이상이어서 이 말은 누구나 쓸 수 있는 말이어서 마르크스가 독점할 일은 아님에도 불구하고 말이다.

그래서 마르크스주의를 채택하지 않는 이상 굳이 인간해방이란 말을 쓸 필요가 없기도 하다. 그래서 필자 또한 인간해방이란 말을 쓰지 않고 '자아실현'이란 말로 대체해서 쓰고 있다.

특히 우리나라와 같이 마르크스주의 내지 사회주의에 대한 거부감이 강해 인간해방이란 말은 금기시되다시피 한 나라에서는 더욱더 인간해방이란 말은 쓰지 않는 것이 좋을 수 있다. 동무라든지 사상, 이념, 반동, 주체 등의 말도 마찬가지다. 필자는 마르크스주의에 동의하지 않을 뿐만 아니라 마르크스주의를 통해서는 인간해방을 구현할 수 없다고 보는 사람이어서 더욱더 그랬다.

더욱이 이제 인간 중심의 사고로 인간만 해방되는 세상을 건설하려고 할 것이 아니라 인간이 자연과 함께 해방되는 세상을 건설해야 한다고 보아 자칫 인간만의 해방으로 볼 수도 있는 인간해방이란 말을 사용하지 않았으면 하는 생각도 들었다. 진정으로 인간이 해방된 삶을 사는 세상을 건설하려면 자연과 함께 해방되는 세상을 건설해야지 인간만 해방되는 세상을 건설하려고 하면 인간도 해방될 수 없는 세상이 되겠기 때문이다.

이러함에도 불구하고 인간해방이란 말을 쓰기도 하는 것은 우선 인간해방이란 말을 대체할 말을 찾기가 어렵고, 특히 인간해방이란 말만큼 오늘날 이 시대가 나아가야 할 방향을 분명하게 제시해주는 말이 없는 것으로 보였기 때문이다. 더욱이 필자의 경우 인간해방의 세상을 건설하기 위해 사회운동과 정치를 해온 데다, 필자의 이런 정치사상을 그나마 가장 적확하게 드러낼 수 있는 말이 인간해방이란 말이기 때문이다.

인간해방은 지금까지 인간이 추구해왔던 가치 내지 세상, 곧 불완전한 차원의 자유, 평등, 평화, 인권, 민주주의, 복지, 연대 등과는 전혀 다른 것이다. 완전한 의미의 자유, 평등, 복지, 평화, 인권 등을 구현하는 것을 의미한다. 완전한 의미라고 해서 불만과 갈등이 전혀 없는 것은 아님을 유념할 필요가 있다.

앞에서 말했듯이 인간해방은 종교에서 말하는 구원, 자유, 해탈, 열반, 천국, 극락, 정토 등과 같은 차원의 의미를 담고 있다. 더욱이 오늘날 이 시대에 우리가 이루고자 하는 인간해방은 위와 같은 가치만이 아니라 인간이 자연의 순환질서에 따라 삶으로써 자연과 함께 해방되는 인간해방이어야 한다.

그래서 필자가 말하는 인간해방이란 말은 '세상을 바꾸어 새로운 세상을 열어 인간이 누릴 수 있는 최고의 행복을 누리게 된다'는 뜻을 담고 있다. '후천개벽을 이룬다'는 것이라 하겠다.

〈올바른 역사의식을 가져야 한다〉

필자는 역사의식의 중요성을 강조하면서 오늘날의 세계적 대변화는 인간의 해방된 삶을 구현할 수 있는 인간해방의 시대가 도래하고 있음을 의미하고, 특히 오늘날 이 시대가 안고 있는 경제침체, 사회불안, 교육붕괴, 국민갈등, 인간성 상실 등을 해결할 수 있는 해법을 찾으려면 올바른 역사의식을 가져야 함을 밝힌 바 있다. 올바른 역사의식에 기초해서 오늘날의 세계를 보노라면 인간해방의 시대가 도래하고 있는 것을 통찰할 수 있다.

이처럼 인간해방의 시대를 맞고 있으니 인간해방이란 말을 쓰지 않을 수 없어서 인간해방이란 말을 쓰게 되었다. 그런데 인간해방이란 말을 쓰는 또 다른 이유는 전 세계적으로 인간해방의 세상을 건설하기 위해 노력하는 운동이나 정치 또는 지식인이 없어지다시피 한 때문이다.

그런데 인간해방이 구현될 수 없던 때에는, 그리고 인간해방을 구현할 수 없는 이념이 인간해방의 이념으로 행세하던 때에는 인간해방을 추구하는 운동이나 정치, 또는 지식인이 엄청나게 많았는데도, 정작 인간해방을 구현할 수 있는 시대가 도래하니까 인간해방을 추구하는 사람들은 없다시피하니, 이래서는 안 된다는 것을 말하기 위해서도 인간해방이란 말을 쓰게 되었다.

인간해방의 사회를 추구하는 것이 진정한 의미의 진보이고, 이제야말로 인간해방을 구현할 수 있는 시대가 도래했는데도 요즘의 진보는 인간해방을 포기하고 있다. 물론 아직도 마르크스 레닌주의의 미망에서 깨어나지 못하고 마르크스 레닌주의를 통해 인간해방을 추구하려는 사람들이 있긴 하지만 말이다.

유감스럽게도 동유럽 공산주의의 붕괴와 더불어 공산주의 내지 공산주의국가만 붕괴한 것이 아니라 인간해방을 추구하는 유토피아니즘 자체도 사라지고 말았다. 인간해방의 구현은 불가능하다는 담론이 대세를 이루게 되었다. 그야말로 좋은 의미에서건 나쁜 의미에서건 개량주의가 세상을 주도하고 있다. 그래서 이런 풍조는 대단히 잘못된 것이라는 것을 밝히기 위해서도 인간해방이란 말을 쓰게 된 것이다.

필자는 오늘날의 이 난장판 세상을 바꾸어야 한다고 보며, 이 난장판 세상을 바꾸면 인간의 해방된 삶이 구현되는 새로운 세상이 열릴 수 있다고 보는 바, 이러한 뜻을 나타내는 데 가장 적합한 말이 인간해방이라고 보는 것도 인간해방이란 말을 쓰는 이유 가운데 하나다.

세상을 바꾸어야 하는데, 세상을 바꾸려면 새로운 비전 곧 새로운 희망을 제시해야 하고, 새로운 비전을 제시하기 위해서는 새로운 말이 필요한 법인데, 이런 이유에서도 인간해방이란 말을 쓰는 것이 가장 좋을 것 같았다. 인간해방이란 말은 현존하는 세상을 바꾸어야 한다는 뜻을 강하게 담고 있기 때문이다.

즉, 인간해방이란 말은 현존하는 세상을 바꾸어 인간이 누릴 수 있는 최고의 행복을 누릴 수 있는 새로운 세상을 열어야 한다는 뜻을 담고 있기 때문이다.

여러 차례 강조했지만 필자는 인간해방의 시대가 도래하고 있다고 보며, 인간해방의 세상을 건설하기 위해 정치를 해왔다. 이러한 점에서 필자는 인간해방의 세상을 열어야 한다는 역사적 소명감으로 정치를 해온 것이다.

마르크스는 인간해방을 구현하려면 사회주의 곧 생산수단의 사회화(사유재산제의 폐지), 계획경제(시장경제의 배격), 프롤레타리아독재(자유민주주의 거부)를 강구해야 한다고 주장했으나, 필자는 그렇게 해서는 인간해방이 달성될 수 없다고 본다. 즉 마르크스가 주장한 사회주의 곧 공산주의는 근본적으로 인간해방을 구현할 수 있는 이념이 될 수 없다는 것이다.

마르크스주의 곧 공산주의의 핵심은 생산수단의 사회화 곧 사유재산제도의 폐지, 계획경제 곧 시장경제의 거부, 프롤레타리아 독재 곧 자유민주주의의 배격인데, 이러한 이념으로는 인간해방을 구현할 수가 없다. 사유재산이 없거나 계획경제를 채택해서는 자유 곧 자아실현이 구현될 수가 없고, 프롤레타리아독재 곧 프롤레타리아 민주주의는 관념상의 민주주의일 뿐 실제에 있어서는 민주주의를 배격하기 때문이다.

요컨대 필자는 사유재산을 인정할 뿐만 아니라 시장경제와 민주주의를 채택해야 인간해방을 구현할 수 있다고 보는 것이다. 다만 새로운 세계관과 가치관을 정립할 뿐만 아니라 자아실현을 구현할 수 있는 경제시스템을 채택하면서 사회보장제도를 철저히 확립해야 한다고 보고 있다(자세한 내용은 이 책의 여러 곳에서 설명하고 있음).

〈마르크스의 인간해방 이념, 마르크스주의로는 구현 안 된다〉

그래서 필자는 마르크스가 제시한 인간해방을 구현해야 한다고 보지만, 마르크스주의를 통해서 이루어질 수 있는 것은 아니라고 본다.

아무튼 종교적 방법을 통해서나 이룰 수 있을 것으로 간주돼온 인간해방을 사회정치적 방법으로 이룰 수 있음을 발견하고 그 나름으로 그 방안까지 제시한 것은 마르크스의 위대한 공헌이 아닐 수 없다. 특히 인간해방의 구현을 위해서는 소외된 노동을 극복해서 자아실현의 노동이 되게 하는 것이 무엇보다 중요한데, 자본주의 사회에서는 노동의 소외가 발생할 수밖에 없음을 발견하고 자본주의가 극복되어야 노동의 소외를 극복할 수 있다고 본 것 또한 마르크스의 위대한 공헌이 아닐 수 없다. 다만 생산수단의 사회화, 계획경제, 프롤레타리아 독재를 통해 인간해방을 달성할 수 있으리라고 본 것은 오류였지만 말이다. 그러나 이것은 시대적 한계였을 수도 있을 것이다.

마르크스주의는 이미 인간해방의 이념이 될 수 없음이 판명되었지만 마르크스의 사상은 지금도 유용한 점이 많다. 마르크스의 사상을 제대로 이해하고 해석한다면 오늘날 이 시대에 마르크스 사상만큼 유용한 이념이 달리 있기도 어려울 것이기 때문이다.

마르크스는 하부구조로서의 사회경제적 조건에 따라 상부구조로서의 이념과 전략 등이 결정되기 때문에 사회경제적 조건 곧 시대상황이 변화하면 이념과 전략 또한 변화해야 한다고 밝혔다.

따라서 마르크스의 사상에 의하더라도 마르크스주의로서의 사회주의 이념은 이 시대의 이념과 전략이 될 수 없다. 사회주의 이념이 나왔던 시대는 초기 자본주의사회였는데, 지금은 정보문명시대로 크게 변화했기 때문이다. 그래서 마르크스 생존 시에 정립한 사회주의(공산주의)이념은 더 이상 유효할 수가 없다. 마르크스주의 사상에 의하더라도 말이다.

이런 점에서 우리 사회의 자칭 진보주의자들이 아직도 시대상황의 변화를 제대로 파악하지 못하고 구시대에나 진보이념으로 통용될 수 있었던 마르크스 레닌주의에서 벗어나지 못하고 있는 것은 어리석기 짝이 없는 일이다. 그리고 이들의 이런 태도는 마르크스가 비난해 마지않던 관념론과 형이상학에서 벗어나지 못한 것이란 점에서 이들이 주장하는 유물론과 변증법은 관념론적 유물론이자 형이상학적(정태적) 변증법일 뿐이다.

이처럼 마르크스주의로서의 사회주의가 인간해방의 이념은 될 수 없었으나 소련, 중공, 북한 등에서 일정 정도 사회발전에 기여한 점이 있음을 부인해서는 안 된다. 소련의 경우 1917년부터 1960년대 초반까지 후진국이었던 러시아가 미국에 필적할 만한 공업국가로 발전했는데, 이것은 사회주의 덕분이었다. 중공 또한 1970년대 중반까지는 중국사회를 크게 발전시켰는데, 이 또한 사회주의 덕분이었으며, 북한이 1970년대 초반까지 남한보다 잘살았던 것 또한 사회주의 덕분이었다.

사회주의의 경우 20년 내지 40년 정도 지나면 사회발전에 역기능을 하게 되는데, 이념에도 생명이 있기 때문이다. 사회주의의 경우 20년 내지 40년 동안은 그 사회의 발전에 기여하나 그 후에는 역기능하게 된다. 20년 내지 40년 후에는 왜 사회주의가 수기능을 할 수 없는가 하면 인간은 어느 정도 먹고사는 문제가 해결되면 자유와 자아실현을 바라기 때문에 자유와 자아실현이 불가능한 사회주의 사회에서는 일을 하지 않으려 한다. 사회주의는 자유와 자아실현이 구현될 수 있는 이념이 될 수 없기 때문이다. 오늘날 북한이 경제침체에서 벗어나지 못하는 것은 사회주의 때문이다.

2) 자아실현이 삶의 목표가 되어야 하는 이유

우리는 살아가면서 삶(인생)의 목표를 상정하는 경우가 많다. 돈벌이를 목표로 삼는 경우도 있고, 높은 관직을 목표로 삼는 경우도 있다. 특히 경제활동의 목표는 소득의 증대가 된다. 이것은 모두 행복을 증진하기 위한 것이다.

그런데 앞으로도 삶의 목표가 돈벌이나 높은 관직이 되어야 할까? 특히 경제활동의 목표가 소득의 증대가 되어야 할까? 그래서는 안 된다. 이제 자아실현 곧 해방된 삶이 삶의 목표가 되어야 하는 바, 지금부터 그 이유를 좀 더 자세히 밝히고자 한다. 그리고 이 책의 다른 부분에서 자아실현의 이념을 채택해야 한다고 강조한 이유도 바로 여기에 있다.

첫째, 자아실현이 인간을 가장 행복하게 하는 터에 이제 자아실현이 가능해졌기 때문이다.

지금까지도 인간은 자아실현을 바라기는 했으나 자아실현보다 더 급하게 요구되는 것이 있은 데다 정치의식의 빈곤으로 자아실현이 인간을 가장 행복하게 하는 것임을 알지 못했다. 그래서 소득증대나 소비확대, 권력추구에 매달려 있었던 것이다. 사회적 생산력이 덜 발전해서 의식주와 의료, 교육 등 인간으로서의 기본생활을 영위하기가 어렵고 또 정치의식이 낮은 상태에서는 자아실현을 통해 행복하게 살 생각을 하게 되기가 어려웠다.

그러나 이제 사회적 생산력의 비약적 발전으로 물질적 풍요를 달성할 수 있게 된 데다 정보통신수단의 혁명적 발달로 대중(인간, 국민)의 정치의식(지식)이 최고의 단계까지 발전할 수 있어 자아실현을 통해 행복하게 살 생각을 할 수 있게 되었다.

둘째, 자아실현이 아닌 소득증대, 소비확대, 권력추구 등으로는 인간이 누릴 수 있는 최고의 행복을 누릴 수 없는 것은 말할 것도 없고 거꾸로 불행하게 되기 때문이다.

국민소득이 대략 2만 달러 이하에서는(국민소득이 2만 달러 정도 되면 인간의 행복에 필요한 물질적 조건이 충족된다고 봄), 국민소득의 증대가 국민의 행복을 증진시키는 데 기여했으나, 국민소득이 2만 달러를 넘으면 소득이 증대되어도 행복은 정체되거나 오히려 감소하게 된다. 이러한 현상은 한계효용체감의 법칙으로도 설명할 수 있거니와, '이스털린의 역설'로 확인된 바도 있다.

우리는 이러한 예를 미국, 영국, 프랑스, 독일, 일본 등에서도 보고 있지만, 특히 복지천국이라는 스웨덴 등 북유럽 국가들에서도 보게 된다. 스웨덴의 경우 훌륭한 복지제도로 국민의 행복도가 높기는 하나 노인의 소외감, 높은 자살률 등의 문제를 안고 있는데, 이것은 인생 최고의 행복인 자아실현을 삶의 목표로 두고 있지 못하기 때문이다.

국민소득이 2만 달러일 때 국민이 행복할 수 없으면(국민이 최고의 행복을 누릴 수 없으면) 국민소득이 4만 달러, 10만 달러로 늘어도 국민이 행복할 수가 없다. 오히려 불행하게 될 것이다. 그래서 국민소득이 2만 달러를 넘으면 경제성장 내지 소득증대를 추구할 것이 아니라 자아실현을 추구해야 한다. 자아실현이 인생 최고의 행복이기 때문이다.

셋째, 삶의 목표 내지 국가발전의 목표를 자아실현에 두지 않고는 오늘 전 세계가 직면하고 있는 대량실업과 소득양극화, 환경파괴, 인간성 상실 등의 문제를 극복할 수 없기 때문이다.

전 세계의 거의 모든 나라들이 경제성장 내지 국민소득의 증대를 목표로 하고 있는데, 이것은 어리석은 일이다. 2만 달러 이상의 국민소득은 일시적으로 행복을 증진시킬 수는 있을지언정 항구적으로 행복을 증진시킬 수는 없다. 오히려 불행을 증대시킬 뿐이다.

〈모든 사람이 행복한 세상이 되어야 한다〉

넷째, '모든' 사람이 행복할 수 있어야 하는데, 모든 사람이 행복할 수 있으려면 자아실현이 행복의 수단이 되어야 하기 때문이다.

소유, 소비, 권력, 명예 등을 추구할 경우 이것은 다른 사람과 충돌하기 때문에 이런 것으로는 '모든' 사람이 행복할 수가 없다. 이에 비해 자아실현은 각자가 자기의 적성과 취향에 따라 자아를 실현하는 것이기 때문에 다른 사람과 충돌하는 일이 없다.

그래서 자아실현이 행복의 수단이 될 때는 모든 사람이 행복할 수 있게 된다.

다섯째, 앞으로 포스트휴먼시대가 오고 있는데, 삶의 확고한 목표를 자아실현에 두지 않고 영생과 신성을 추구하게 되면, 인간은 행복은커녕 정체성마저 잃고서 인류의 종말을 맞게 될 것 같기 때문이다.

인간은 과학기술의 혁명적 발달로 한편으로는 자아실현의 해방된 삶을 살 수 있게 되었는가 하면, 다른 한편으로는 대량실업과 소득양극화 등은 말할 것도 없고, 인간으로서의 정체성을 상실한 채 인류의 종말을 맞을 수도 있다.

3
경제학 혁명이 이루어져야 한다

오늘날 세계가 후천개벽이라 할 만큼 변하고 있는데, 이것을 문명의 전환 곧 정보문명시대의 도래로 보고 이에 맞는 새로운 이념과 정책 및 세계관과 가치관을 정립해야 한다. 이렇게 하려면 사회과학이 새로워져야 한다.

그런데 다른 분야의 사회과학도 당연히 새로워져야 하지만 특히 경제학이 새로워지는 것이 무엇보다 중요하다. 경제학은 인간의 삶에 꼭 필요한 재화와 용역의 생산, 유통, 소비와 관련한 학문이라는 점에서도 그렇지만, 인간이 자아실현의 보람과 기쁨을 누리려면 경제활동에서 그것을 누리는 것이 가장 중요하기 때문이다.

즉 인간이 경제활동에서 자아실현의 보람과 기쁨을 누릴 수 있는 방안을 제시하는 분야가 바로 경제학이어야 하겠는데, 오늘날의 경제학은 그렇지 못하고 소득이나 이윤을 추구하는 데 치중해 있기 때문이다. 그래서 경제활동에서 자아실현의 보람과 기쁨을 누릴 수 있는 방안을 제시하는 새로운 경제학이 나와야 하겠다는 것이다.

과학기술의 혁명적 발달로 새로운 문명시대 곧 정보문명시대가 도래함으로써 산업구조, 인구구성, 사회관계, 인간의 욕구와 희망 등 경제환경이 크게 바뀌었고, 이에 따라 경제활동의 목표도 더 많은 소유와 소비가 아니라 자아실현의 보람과 기쁨이 되었다. 이처럼 경제환경이 바뀌고 경제활동의 목표가 바뀐다면 이를 다루는 경제학도 바뀌어야 하는 것은 너무나 당연하다.

요컨대 지금까지의 경제학은 어떻게 하면 더 많이 생산해서 소유하며 분배해서 소비할 수 있게 하느냐를 연구하는 학문이었지만, 앞으로의 경제학은 어떻게 하면 경제활동 속에서 더 많은 자아실현의 보람과 기쁨을 누릴 수 있게 하느냐를 연구하는 학문이 되어야 하겠다는 것이다. 즉 앞으로의 경제학은 '소득증대 경제학'이 아니라 '자아실현 경제학'이 되어야 하겠다는 것이다.

요즘 경제학은 시들하고 경영학이 유행이다. 이는 '경세제민(經世濟民)'을 본령으로 하는 경제학이 이윤추구를 본령으로 하는 경영학으로 변한 것을 의미하는데, 이것이 시대추세를 반영하고 있는 것이긴 하나 바람직스럽지 못한 일이다.

오늘날 전 세계적으로 경제가 파탄 나고 인류가 온갖 불행을 겪고 있는 가장 중요한 원인은 경제를 돈벌이로만 보는 데 있다. 그래서 이를 극복하려면 경제활동의 중요한 목표를 자아실현에 두는 경제이념을 정립해야 하겠기에 경제학도 그러한 방향으로 바뀌어야 하겠다는 것이다.

거듭 말하지만 경제학이 소득증대 곧 돈벌이를 목표로 하는 경제학에서 자아실현을 목표로 하는 경제학으로 바뀌어야 하는 것은 돈벌이보다 자아실현이 더 좋기 때문만이 아니라, 자아실현을 목표로 하는 경제정책을 강구하지 않고는 오늘날 전 세계가 직면해 있는 대량실업, 소득양극화, 비정규직, 청년실업 등의 문제를 해결할 수 없기 때문임을 직시해야 한다.

이것은 우리가 자아실현의 인간해방세상을 건설하는 것이 인간에게 좋기 때문만이 아니라 자아실현의 인간해방 세상을 건설하지 않으면 오늘날 전 세계가 직면하고 있는 경제파탄, 사회불안, 인간성 상실 등의 문제를 해결할 수 없기 때문이라는 말과 같다.

〈시대상황이 변하면 경제학도 변해야 한다〉

시대상황의 변화에 따라 경제환경이 변했으니 이에 따라 경제학도 변해야 하는 것은 너무나 당연하다.

그런데 전 세계적으로 새로운 경제이론이 많이 나오고 있긴 하지만, 그 새로운 경제이론이란 것이 대체로 경제를 부 곧 소득으로 보는 경제개념에 한정되어 있다는 점에서 부분적이고 기능적인 새 경제이론일 뿐, 오늘날의 시대상황인 문명의 전환에 부응할 수 있는 새 경제이론은 되지 못하고 있다. 바로 그러하기 때문에 그러한 경제이론은 오늘날 전 세계가 직면하고 있는 여러 경제현안에 대한 올바른 해결책을 내놓지 못하고 있다.

매년 노벨경제학상을 수상하는 경제이론이 나오고 있으나, 그 가운데 경제침체를 극복하는 데 도움이 되는 경제이론은 지극히 적다. 오히려 오늘날의 경제침체를 더 심화시키는 데 기여하는 경제이론이 많다. 금융산업에서 온갖 금융상품을 내놓아 실물경제를 약화시키고 거품경제를 조장하고 있는 터에 금융산업의 발전을 도모하는 데 기여하는 경제이론이 많으니 말이다.

노벨경제학상이 제정된 1969년 이후 2015년까지 76명의 수상자가 나왔는데, 그 가운데 52명이 미국인이라고 한다. 결국 세계적 주목을 받은 경제이론들이 미국경제를 기반으로 형성된 자유주의 시장경제론들인데, 이런 경제이론으로는 오늘날의 경제침체를 극복할 수 없을 것이 분명하다. 미국이 경제침체를 극복하기는커녕 미국발 금융위기가 세계경제를 침체로 몰아넣었으니 말이다.

지금까지의 경제학은 근본적으로 소득중심의 자본주의 시장경제에서 벗어나지 못하고 있다는 점에서 자아실현 중심의 경제학이 될 수 없는 한계를 지니고 있다.

요컨대 오늘날의 세계적 대변화는 삶의 총체적 양식으로서의 문명이 전환하는 것이기 때문에 경제학 또한 혁명적으로 변해야 한다. 그야말로 '경제학 혁명'이 일어나야 한다.

전 세계적으로 금융대란이 일어나고 경제가 파탄지경으로 내

몰려도 "100년 만에 처음 오는 대란"이라느니 "경제침체가 장기화할 것"이라느니 하는 말이나 하고 있을 뿐, 그 원인과 해법을 제시하지 못하는 것은 현대경제학의 치명적 한계이고 경제학의 혁명이 일어나야 함을 말해준다.

신자유주의 곧 시장만능주의 풍조가 만연해 있는 터라 정부의 개입을 강조하는 케인즈 이론이 일정 정도 타당한 측면이 있으나, 그렇다고 해서 케인즈 이론대로 하면 경제가 살아날 것이라고 생각한다면 그것은 엄청난 착각이 될 것이다. 오늘날의 시대상황은 케인즈 경제학이 타당했던 시대상황과는 전혀 다른 시대상황이기 때문이다.

케인즈가 '유효수요이론'으로 1930년대의 대공황을 극복한 것은 당시에는 총수요가 부족한 상태여서 유효수요를 창출할 수 있는 대규모 국책사업으로 경제침체를 극복할 수 있었다. 그러나 지금은 총수요 자체가 넘쳐나기 때문에 유효수요를 창출하는 것만으로는 경제침체를 극복할 수 없게 되어 있다.

케인즈는 이미 약 100년 전에 오늘날의 경제상황에서 경제의 개념이나 경제활동의 목표, 그리고 경제학의 내용과 경제학자의 임무가 어떠해야 할 것인지를 시사하는 중요한 경제 관련 문건을 남긴 바 있다. 1930년에 쓴 '우리 손자 세대의 경제적 가능성(Economic Possibilities for our Grandchildren)'이란 문건이 그것이다. 그는 이 문건에서 "지금부터 100년 후에는 먹고사는 문제를 대부분 해결할 것이기 때문에 사람들은 먹고사는 문제에서 벗어나 인생에서 보다 더 중요한 문제에 매달리게 될 것"이라고 말하고는, "따라서 경제학자들도 먹고사는 문제보다는 좀 더 중요한 문제를 생각해야 한다"고 말했다.

20세기 최고의 경제학자로서 경제학뿐만 아니라 다방면에 걸쳐 천재적인 재능을 발휘한 케인즈의 이 말은 굉장히 의미 있는 말이라고 하겠다. 그러니까 케인즈는 앞으로 '먹고사는 문제'가 해결될 때는 경제학의 내용과 경제학자의 임무가 바뀌어야 한다는 것이다.

생산력의 발전으로 '먹고사는 문제'가 해결될 때는 경제학은 '먹고사는 문제'보다 더 중요한 문제 곧 인간의 삶에서 본질적인 문제 곧 자유, 평화, 사랑, 자아실현 등을 고려한 문제를 연구하는 학문이 되어야 한다는 뜻으로 보아야 할 것이다. 이 점은 마르크스도 마찬가지였다.

마르크스는 자본주의사회를 거쳐 사회주의사회가 되면 사회적 생산력이 고도로 발달하여 "능력에 따라 일하고 필요에 따라 분배"받으면서 노동해방을 통해 인간해방의 삶을 살 수 있을 것으로 보았다. 물론 마르크스가 생산수단의 사회화 곧 사유재산의 폐지, 계획경제, 프롤리타리아 독재을 주된 내용으로 하는 사회주의를 통해서 생활에 필요한 재화와 용역이 충족될 수 있으리라고 본 것이나, 능력에 따라 일하고 필요에 따라 분배받는 공산주의 사회가 되면 노동해방을 통해 인간해방의 삶을 살 수 있으리라고 본 것은 잘못이지만 말이다.

그러나 생활에 필요한 재화와 용역이 충족되면 생활에 필요한 것만큼만 소비하려 할 뿐 그 이상으로 더 많이 가지려 하지 않을 것이며, 그렇게 되면 노동해방을 통해 인간해방의 삶을 살 수 있는 이상사회가 되리라고 본 것은 옳은 판단이었다.

예수나 석가 등 성현들이 주장한 이상사회 또한 비슷한 모습의 사회인데, 지금이야말로 그런 이상사회를 건설할 수 있는 때라고 보아야 할 것이다.

이런 점에서 이제 경제학이 자원의 적정한 배분을 통해 재화와 용역을 더 많이 생산해서 분배하는 방안을 연구하는 학문에 머무를 것이 아니라, 경제활동에서 자아실현의 보람과 기쁨을 얻는 방안을 연구 · 제시함으로써 노동해방을 통해 인간해방을 누리는 세상을 건설하는 데 기여하는 학문이 되어야 할 것이다.

그러면 경제학이 어떤 방향으로 바뀌어야 하겠는지를 밝혀보고자 한다.

〈지난날은 자원이 원천적으로 부족했으나 이제는 넘쳐난다〉

첫째, 지금까지의 경제학은 인간의 삶에 요구되는 재화와 용역의 생산에 필요한 자원이 제한되어 있기 때문에 재화와 용역 또한 제한적일 수밖에 없다고 보고 자원을 효율적으로 배분하는 방안을 연구해서 제시하는 학문이었다. 그러나 앞으로의 경제학은 과학기술의 혁명적 발달로 인간의 삶에 필요한 재화와 용역이 충분하다는 것을 전제하고서 재화와 용역을 보다 더 많이 생산하기 위한 방안을 연구하기보다 경제활동에서 자아실현의 보람과 기쁨을 얻을 수 있는 방안을 연구해서 제시하는 학문이 되어야 할 것이다.

미국의 사회학자 제레미 리프킨은 더 이상 인간의 노동이 필요 없는 시대가 올 것이라고 보아 '노동의 종말'이란 책을 내놓은 바 있거니와, '한계비용 제로의 시대' 곧 물품을 더 생산하는데 필요한 추가비용이 제로가 되는 시대가 도래함으로써 인간의 삶에 필요한 물품이 부족한 일이 없는 시대가 오고 있다고 했다. 또 최근에는 인공지능(AI) 때문에 노동이 없는 시대가 오리라는 예측이 강하게 제기되고 있다.

과학기술의 혁명적 발달에 따른 산업의 정보화로 사회적 생산력이 비약적으로 발전함으로써 자연자원은 제한되어 있다 하더라도 인간의 삶에 필요한 재화와 용역은 부족하기보다 오히려 너무 많게 되었다. 그래서 오늘날 많은 국민들이 어려움을 겪는 것은 무엇이 부족해서가 아니라 너무 많은데 이에 제대로 대처하지 못하기 때문이다.

지금 미국이나 영국, 서유럽 국가들과 일본 등은 국민소득이 4만 달러가 넘는데도 경제침체를 비롯해서 많은 어려움을 겪고 있다. 그러나 이것은 재화와 용역이 부족해서 어려움을 겪기보다 경제활동의 목표를 자아실현에 두지 않고 더 많은 소득을 얻는 데 두고 있기 때문에 어려움을 겪는 것으로 보아야 한다.

국민소득이 4만 달러를 넘는데도 인간답게 곧 행복하게 살 수 없다면 국민소득이 5만 달러, 10만 달러가 되어도 행복하게 살 수 없을 것이다. 국민소득이 1만 달러 이상이면 행복하게 살 수 있어야 하고, 그렇게 하려면 이 글에서 제안하고 있는 바와 같이 소득증대의 경제가 아니라 자아실현의 경제가 되어야 한다.

〈인간의 욕망이 무한하다고 보는 고정관념에서 탈피해야 한다〉

둘째, 지금까지의 경제학은 '부에 대한 인간의 욕망이 무한한' 것으로 전제하고 있으나, 앞으로의 경제학은 부에 대한 인간의 욕망이 '무한하지 않은 것'을 전제해야 한다.

지금까지의 경제관념으로는 무엇을 더 많이 소유하거나 소비하는 데서 더 많은 행복을 누리는 것으로 이해되어 왔으나, 앞으로는 더 많이 소유하거나 소비하는 데서가 아니라 경제활동에서 보람과 기쁨을 누림으로써 더 많은 행복을 누리게 되었기 때문이다.

부 곧 재화와 용역에 대한 인간의 욕망이 무한했던 것은 인간의 생활에 필요한 재화와 용역이 부족했던 시대의 일이다. 인간의 생활에 필요한 재화와 용역이 충분하거나 또는 너무 많은 시대에는 부에 대한 인간의 욕망이 무한할 필요가 없고, 무한하지 않을 수 있고 또 자제되어야 한다. 인간의 행복한 삶에 필요한 재화와 용역이 충분한데도 재화와 용역을 계속해서 더 가지려고 하면 그것은 어리석은 일이고, 따라서 그것은 고쳐야 한다. 이것은 사회를 위해서만이 아니라 개개인의 행복을 위해서도 그러하다.

그렇기 때문에 부에 대한 인간의 욕망이 무한한 것을 전제하고서 이 욕망을 채우려고 하는 경제학은 수정되어야 하고, 인간의 욕망은 무한한 것이 아니라 일정한 수준에서 자제될 수 있다는 것을 전제하고서 자아실현에서 보람과 기쁨을 얻게 하는 경제학이 나와야 하겠다.

그런데 이것은 인간의 욕구가 바뀐 것으로 볼 수도 있다. 재화와 용역을 더 많이 소유하거나 소비하고자 하는 욕망을 자제하거나 포기하는 대신에 자아실현의 보람과 기쁨을 누리고자 하는 희망을 갖게 되는 것이기 때문이다.

다만 자아실현의 보람과 기쁨을 누리고자 하는 욕망이란, 경제활동을 하기는 하되 돈을 벌기 위해 경제활동을 하려는 욕망이 아니라 다른 사람에게 도움이 되거나 사회발전에 기여하기 위해 경제활동을 하려는 욕망을 말한다. 이런 욕망은 욕망이라기보다 욕구 또는 희망이라고 해야 할 것이고, 이것은 사랑과 정의감의 표현일 것이다.

불교에서는 '무소유'에서 해탈 곧 진정한 자유를 얻는다는 것을 가르치고 있는데, 이 가르침은 오늘날 이 시대에 꼭 들어맞는 경제관념이 될 것이다. 기독교도 마찬가지이며, 모든 진리가 다 마찬가지다. 그런데 불교가 '무소유'를 강조하는 것은 무소유가 도덕적이거나 사회적으로 유익한 것이기 때문이 아니라, 무소유를 실천해야 자기 자신의 해방된 삶을 살 수 있기 때문이다. 욕망을 채우는 데서가 아니라 욕망을 버리는 데서 행복해진다는 것을 가르치고 있다. 물론 불교나 기타 종교에서 말하는 무소유는 '소유에 집착하지 말라'는 것이지 일체의 소유를 부정하는 것은 아니다.

위와 같은 내용은 '(한계)효용체감의 법칙'이란 경제원리에도 맞는다. 일정한 기간 동안 소비되는 재화의 수량이 증가할수록 재화의 추가분에서 얻는 한계효용은 점점 줄어든다는 이론이 '(한계)효용체감의 법칙'이다. 이 법칙으로 보더라도 사람이 살아가는 데 필요한 재화와 용역이 점점 늘어나서 충분하게 되면 더 가져보았자 그 효과가 미미하니 더 가지려 하는 욕망이 줄어지고, 마침내는 더 가지려 하는 욕망이 없어진다는 것을 알 수 있다.

앞에서 지적한 바 있듯이 하루 세끼 밥을 먹기 힘든 때는 세끼 밥을 먹을 수 있을 때까지 욕망이 계속해서 생길 수 있으나, 세끼 밥을 먹을 수 있게 되었을 때는 네 끼 밥을 먹으려고 하지 않을 수 있고 또 않아야 한다. 욕망을 억제하지 못해 하루에 네 끼나 다섯 끼를 먹게 되면 그것은 그 사람에게 기쁨을 주는 것이 아니라 고통을 주게 되기 때문이다. 따라서 이제 인간의 욕망은 일정한 수준까지는 증가하지만 일정한 수준을 넘으면 자제하게 되어 있다는 것을 알아야 하겠다.

요컨대 앞으로는 부에 대한 인간의 욕망이 무한한 것을 전제한 경제학이 아니라 부에 대한 인간의 욕망이 무한하지 않은 것을 전제한 경제학이 나와야 할 것이다.

인간의 욕망이 무한하다는 것을 전제하는 경제학, 또는 이런 경제관념이 이 세상을 지배하고 있는 한 인간다운 삶 곧 행복한 삶을 누릴 수 없는 것은 말할 것도 없고, 오늘날 전 세계가 직면하고 있는 온갖 종류의 경제침체도 극복할 수 없을 것이다.

인간의 욕망이 무한하다는 것은 인간은 본질적으로 이기적이라는 말과 같은데, 인간에게는 이기적인 측면이 있긴 하지만 인간성 자체를 이기적이라고 규정하는 것은 옳지 못하다. 성선설도 있고 성악설도 있으니 말이다. 그리고 인간이 인간일 수 있는 것은 이기적이 아닐 수 있기 때문이겠는데, 인간의 모든 경제행위를 이기적 욕망에서 나오는 것이라고 단정하는 것은 옳지 못하다. 설사 인간의 본성이 이기적이라 하더라도 이런 이기적 본성을 억누를 수 있어야 인간이라 할 수 있다.

인간의 욕망이 무한하다는 것은 이윤추구를 본질로 하는 자본주의적 가치관을 대변하는 것이어서 결국 자본주의적 가치관을 극복해야 인간의 욕망이 무한하다는 것을 배제한 경제학과 경제관념이 나올 수 있을 것 같다.

〈경제활동의 동기가 소득에서 자아실현으로 바뀌어야 한다〉

셋째, 지금까지의 경제학에서는 경제활동의 동기는 당연히 이윤이나 임금 등 경제적 소득임을 전제하고 있었으나, 이제 경제활동의 동기가 이윤추구 내지 소득증대보다 보람추구 내지 자아실현이 되는 경제학이 나와야 하겠다는 것이다.

그런데 정보문명시대에 제대로 대응하지 못해서 살기가 더 어려워져 이윤이나 임금을 통한 소득증대가 경제활동의 동기가 될 수는 있으나, 이것은 현재와 같은 경제상황이 존속하기 때문이지 정보문명시대에 합당한 경제상황이 되면 이런 경제활동의 동기는 없어질 것이다.

위와 같이 보람추구나 자아실현이 경제활동의 동기가 되는 경제학이 나와야 하겠으나 현실적으로 그러한 경제학이 나오는 것은 어렵지 않을까 하는 의문이 제기될 수 있다. 그러나 지금 사람들이 이윤이나 임금을 얻기 위해 경제활동을 하는 것은 이윤이나 임금을 얻지 못하면 생활을 할 수 없는 상황이기 때문이지, 만약 의식주와 의료 및 교육 등 기본생활이 어떤 경우에도 보장된다면 이윤이나 임금 등을 얻기 위해 경제활동을 할 필요가 없을 것이다. 왜냐하면 이윤이나 임금을 얻는 경제활동은 별로 기쁘지 않은 데 비해 보람추구나 자아실현을 위한 경제활동은 기쁘기 때문이다.

앞으로 정보문명시대에 맞는 사회경제정책이 강구되고 또 이에 맞는 가치관과 세계관이 정립되면 이윤이나 임금을 얻기 위해서가 아니라 자아실현의 보람과 기쁨을 얻기 위해서 경제활동을 하게 될 것이다.

모든 사람이 경제활동의 목표를 자아실현의 보람과 기쁨을 얻는데 두는 것이 중요한 이유는, 특히 노동운동의 목표를 임금인상이나 노동조건의 개선에만 둘 것이 아니라 노동 속에서 보람과 기쁨을 얻는 데 두어야 하기 때문에도 중요하다.

필자는 민주노총 규탄대회를 열기도 하는 등 민주노총을 비판하는 일을 많이 해왔는데, 민주노총 조합원들이 우리 사회의 기득권층이 되어 과도한 특권을 누리고 있어서 이를 비판하기도 했지만, 그것보다 더 중요한 이유는 노동운동의 대의를 저버리고 집단적 이기심을 충족시키는 활동만 하고 있기 때문이었다. 노동운동은 임금인상보다 노동에서 보람과 기쁨을 누리면서 살 수 있게 하는 노동조건을 확보하는 것을 주된 목표로 삼는 것이 가장 중요한 노동운동의 대의인데도 우리나라 노등운동은 이러한 노동운동의 대의를 상실했다.

요컨대 인간의 욕망이 이처럼 바뀔 수 있으려면 인간으로서의 기본생활이 어떤 상황에서도 보장되어 있어야 한다. 즉 사회보장제도가 확립되어 있어야 한다. 사회보장제도가 확립되어 있지 못해 자칫하다가는 굶어죽을 수 있는 사회라면 결코 더 많이 소유하려는 욕망을 절제하기가 어렵다.

〈경제적 합리성보다 인간적 합리성을 추구해야 한다〉

넷째, 지금까지의 경제학은 '경제적 합리성' 곧 "인간은 경제적으로 가장 이익이 되는 쪽을 선택한다"라는 것을 전제하고 있는데, 앞으로의 경제학은 '경제적 합리성'보다 '인간적 합리성'을 선택하는 것을 인정할 수 있어야 한다.

지금까지의 '경제적 합리성'이란 '공짜 점심은 없다'는 것을 의미하는데, 공짜 점심도 있을 수 있기 때문이다. 즉 '경제적 합리성'이 아니라 '인간적 합리성'에 따른 경제행위가 있을 수 있다는 것을 전제한 경제학이 나와야 한다는 것이다. 어떤 의미에서는 '경제적 합리성'의 내용 자체가 '인간적 합리성'으로 바뀌어야 할 것이다.

'경제적 합리성'이란 화폐단위로 표시될 수 있는 등가의 기회비용을 지불할 때만 어떤 소득을 얻을 수 있다는 것을 말하고, '인간적 합리성'이란 내가 지불한 기회비용과 같은 크기의 소득을 얻지 못하더라도 자아실현의 보람과 기쁨 같은 것을 얻게 된다면 경제행위를 할 수 있다는 것을 의미한다.

우리 속담에 “말 한마디에 천 냥 빚도 갚는다”라는 말이 있다. 지금까지의 ‘경제적 합리성’에 따라서 판단한다면 이런 일이 있을 수 없으나, ‘인간적 합리성’에 따라서 판단한다면 이런 경우의 빚 탕감행위도 분명히 합리적인 경제행위가 될 수 있다. 남에게 공짜로 무엇을 해주는 일은 있을 수 없다는 것을 경제적 합리성이라고 보는 것부터가 잘못이다.

그래서 ‘경제적 합리성’의 개념이 바뀌어야 하겠다는 것이다.

인간은 다른 분야의 활동에서도 자아실현의 보람과 기쁨을 누려야 하지만 특히 경제활동에서 자아실현의 보람과 기쁨을 누리는 것이 무엇보다 중요하다. 경제활동이 인간활동의 기본을 이루기 때문이다. 그런 터에 경제활동은 ‘경제적 합리성’에 따라 이루어질 수밖에 없다는 이유로 경제활동의 자아실현성을 부정하는 경제학이 존속한다면 인간의 행복에 가장 중요한 요소인 경제활동에서의 자아실현을 놓치게 될 것이니, 이것은 중요한 문제이다. 경제학이 혁명해야 할 이유가 여기에 있다.

그리고 이런 경제학이 존속하는 한 경제행위만 비인간적이 되는 것이 아니라 인간의 생활 전체가 비인간적이 되게 마련이다. 경제학의 혁명을 통해 경제의 개념을 소득에서 자아실현으로 바꿈으로써 인간생활 전체를 바꾸어야 한다. 그래야 세상이 바뀔 수 있다.

다섯째, 지금까지의 경제학은 인간이 자연을 대상화하여 착취하거나 정복하는 것을 당연시하는 경제학이었으나, 앞으로의 경제학은 인간과 자연이 상생하는 것은 물론 인간의 삶이 자연의 순환질서에 부합되도록 하는 경제학이 되어야 한다. 굳이 이름을 붙여 말한다면 '자연착취 경제학'에서 '생태경제학' 내지 '상생경제학'으로 바뀌어야 한다.

〈지금까지 인정되어 온 경제원리들도 바뀌어야 한다〉

여섯째, 지금까지의 경제학이 법칙처럼 간주해온 많은 경제원리들이 더 이상 통용될 수 없음을 알아야 한다. 그래서 새로운 경제원리들을 창출해야 한다.

몇 가지 예를 들어 보자. 각자가 자신의 이익을 위해 경제활동을 하다 보면 '보이지 않는 손'의 인도에 의해 전체의 이익이 증대된다는 '자유주의 경제철학', 그래서 인간의 이기심에 따른 경제활동이 국가사회 전체의 발전에 기여한다면서 인간의 이기성을 옹호하는 주장, '보이지 않는 손'에 의해 수요와 공급이 조절된다는 '수요공급의 법칙', 상품의 가치는 그 상품의 생산에 투입된 노동시간의 양에 의해 결정된다는 '노동가치설', 성장과 분배는 상충한다는 견해, 국제무역은 무역 당사자 모두에게 이익을 가져다준다는 '비교우위이론', 경제성장률을 경제발전의 척도로 보는 견해, GNP 곧 국민소득의 증대를 경제발전 내지 국민행복의 증진으로 보는 견해, 그리고 거시경제지표를 경제상황을 판단하는 중요한 자료로 삼는 일 등은 모두 배격되어야 한다.

한 예로 경제성장률이 높아도 소득양극화 구조가 시정되지 않는 한 국민의 경제생활은 전혀 나아지지 않는다. 경제성장률이 저조하거나 0% 이하인 것을 걱정하는 경우가 많은데, 이것은 잘못이다. 경제성장률이 높다고 해서 국민이 행복한 것이 아니기 때문이다. 물론 현 단계에서는 경제가 성장할 필요가 있기는 하지만 경제가 성장해야 국민이 행복한 것은 아닐 수 있음을 알아야 한다. 경제구조를 근본적으로 바꿀 생각을 해야 한다.

요컨대 지금까지의 경제학은 소득중심 경제학 내지 성장주의 경제학이었는데, 앞으로의 경제학은 '자아실현 경제학' 내지 '국민행복 경제학'이 되어야 한다.

그런데 경제학이 이런 방향으로 바뀌어야 한다고 주장하는 것은 자아실현의 경제활동을 통해 해방된 삶을 사는 이상사회를 건설하고 싶어서 뿐만이 아니라, 이런 방향으로 경제학이 바뀌지 않으면 오늘날의 경제위기를 극복할 수 없기 때문이다.

다시 말하면 경제학의 내용을 이런 방향으로 바꾸지 않으면 경제가 파탄하는 것은 물론 사회가 붕괴하게 되어 있기 때문에 이런 방향으로 바꾸어야 한다는 것이다. 이렇게 바꾼 경제학이 아니면 아무 쓸모없는 경제학이 될 수 있다. 이것은 오늘날의 세계적 대변화가 문명의 전환이자 후천개벽이기 때문이다.

4
왜 자아실현의 신문명정치여야 하는가?

대한민국이 이룬 기적같은 성장과 현재 처한 위기상황을 보면서 왜 신문명정치가 나와야 하는지를 밝히고자 한다.

1) 대한민국의 성취와 붕괴

(1) 성취

- 2차 대전 후 전 세계에서 산업화와 민주화의 '기적'을 이룬 유일한 나라
- 국민소득 3만5천달러로 전 세계 경제력 10위, 군사력 6위의 나라로 선진국 진입
- 인구 5천만명 이상으로 국민소득 3만달러를 달성한 '3050 클럽' 7번째 진입
- 원조 받던 나라에서 원조하는 나라로
- 반도체, 스마트폰, 자동차, 철강, 정유, TV와 세탁기, 2차전지 등 세계시장 주도
- K팝, K드라마, K컬쳐, K푸드, K뷰티 등 한류의 세계적 진출
- 서울을 비롯한 대도시 건물들을 보면 전 세계에서 가장 번창한 나라임.

(2) 붕괴의 양상(기적처럼 성장했으나 기적처럼 붕괴할 수 있음.)

- 자살률(인구 10만명 당 24.1명, OECD 1위)

OECD 평균 자살률 인구 10만명당 11.1명, 한국은 24.1명. 1년에 13800여명 자살(1일 38명)

(자살의 원인 – 양극화에 따른 패배감과 절망, 과도한 경쟁, 내일에 대한 불안, 정신질환, 사회적 고립, 행복을 못 느끼는 삶(스웨덴, 노르웨이, 스위스, 벨기에 등 북유럽국가들도 행복을 못 느껴 자살률이 높음 – 소유와 소비에 행복이 있는 것이 아니라 자아실현에 행복이 있음을 모르기 때문)

- 청년자살률 전 세계 2위(청년 사망자 중 54.4%가 자살, 청년자살률 1위 일본)

- 청년(15-29세)의 삶 실태조사(2022년 청년층 인구 841만6천명, 청년 미취업자 126만명, 청년실업자 18만5천명, 우울증 6.1%, 자살 생각 2.4%)

- 은둔형 외톨이 – 청년의 청년의 4.5% 24만명(일본 히키코모리 150만명)

- 노인빈곤율 40.4% OECD 1위(OECD 평균 14.2%) (노르웨이 3.8%, 덴마크 4.3% 프랑스 4.4% 일본 20.2% 미국 22.8%)

* 노인빈곤율 – 중위 가구 가처분소득의 50% 미만

- 노인자살률 노인인구 10만명당 52명, 전세계 1위, OECD 평균 17명

- 빚더미 위의 성장 - 국가부채 1128조원 GDP의 49.4%, 기업부채 2705조원 GDP의 126.1%로 세계 3위(영업이익으로 이자를 못 갚는 한계기업 42.3%), 가계부채 2925조원(금융기관 1826조8천억원 + 진세보증금 1058조3천억원) GDP의 156.8%, 2030세대의 빚 514조원(3년에 110조원 증가)

- 정신질환자 급증 - 우울증환자 2017년 68만명에서 2021년 91만명으로 34% 증가, 청년 우울증환자 2017년 15만9천명에서 2021년 31만명으로 95% 증가, 치매환자 100만3천명, 중증 정신장애인 2022년 42만명

- 강력범죄자 가운데 정신질환자 2018년 4774명에서 2022년 6052명으로 26.8% 증가

- 저출산 전 세계 1위(합계출산율 2000년 1.5명-2022년 0.78명, 출생아수 1972년 102만명, 2002년 49.6만명, 2022년 24.9만명, 30년, 20년 사이에 2분의1)

* 합계출산율이 2.1명이라야 현재의 인구 유지. 전 세계에서 합계출산율이 1.0명 이하인 나라는 대한민국뿐임. 자살률 1위, 합계출산율 꼴찌라는 것은 대한민국이 사람 살기가 힘든 나라임을 말해줌.

- 저출산대책비 2006년부터 2021년까지 15년간 280조원 투입했는데도 합계출산율은 1.13명에서 0.81명으로 떨어짐. - '자녀 양육도 어렵지만, 내 자식이 이런 나라 '헬조선'에서 살게

하고 싶지 않다'며 애를 낳지 않으려 함. 따라서 대책도 출산장려금 지급으로는 안 되고 국민이 살기좋은 나라를 만들어야 함.

- 소득양극화(대기업 정규직의 임금 = 저임금 노동자 임금의 2배 내지 3배, 대기업 임원의 임금 = 근로자 평균임금의 50배 내지 100배 - 서유럽 7-8배)
- 비정규직 812만명 정규직 임금의 54% 수준
- 근로자 평균임금 300만7000원, 정규직 평균임금 362만3000원 비정규직 평균임금 195만7000원 격차 166만6000원(2023년)
- 전 세계 최장노동시간(OECD평균 1716시간, 한국 1915시간)
- 산재사망률 OECD 1위(노동자 10만명당 OECD 평균 2명 사망, 한국은 10.8명 사망)
- 양극화에 따른 사회적 갈등과 불안, 분노 심화 - 기업인과 근로자, 대기업과 중소기업, 정규직과 비정규직, 취업자와 실업자, 남자와 여자, 기성세대와 청년세대, 교사와 학생, 입시경쟁 갈등, 취업경쟁 갈등. '만인에 대한 만인의 투쟁'
- 양극화의 극단화와 전면화, 악순환 – '20 대 80'의 사회에서 '1 대 99의 사회'로.
- 상위 20%의 소득은 하위 20% 소득의 25.6배
- 상위10%의 소득집중도 한국은 44.9%로 미국(47.8%) 다음으로 가장 높음. 싱가포르 41.9%, 일본 40.5%, 영국 39.1%, 프

랑스 32.3%(미국처럼 부유한 나라는 양극화가 심해도 빈곤층이 살아갈 수 있으나 한국은 다름.)

- 사회양극화(취업자와 실업자, 정규직과 비정규직, 좋은 직종과 허접한 직종 등으로 사회적 신분이 정해짐.

- 국토 양극화 - 수도권 과밀화와 지방의 공동화 - 수도권도 지방도 손해(지방의 산업과 교육 획기적 육성해야)

- 과도한 경쟁, 경쟁에서 패배하면 루저(낙오자)가 됨.

- 한탕주의의 만연 - 도박의 일상화-주식, 복권, 코인)

- 묻지마 범죄의 범람 - (2020년) 2주간에 315건 신고 119명 검거, 12명 구속, 전 국민 불안 - CCTV증설, 경찰관 증가와 모든 경찰관 권총지급으로 해결될까?

- 집단이기주의 투쟁 일상화 - 국회 앞과 광화문, 용산 등

- 정치양극화 - 패거리 정치, 차악의 선택으로 정치의 저질화 초래로 정치실종

- 기득권정치세력들이 사생결단의 투쟁을 벌이는 것 같지만 '적대적 공생'을 하고 있을 뿐임.

- 민주주의라는 이름으로 민주주의 파괴 - 민주주의를 명분으로 한 포퓰리즘과 팬덤정치가 민주주의를 파괴함.

- 편가르기 정치와 가짜뉴스에 기초한 확증편향에 따른 중우정치가 민주주의를 파괴하고 정치를 파괴함. - 정치실종 - 국가적 위기

- 확증편향에 따른 팬덤이 정치기득권세력의 유지 기반이 되어 민주주의를 파괴하고 정치를 실종시킴. 무능한 정치세력이 적대적 공생으로 기득권을 유지함.

- 확증편향에 따른 기득권 양당 지지가 새로운 정치세력의 출현을 막고 있음.

- 언론의 자유를- 빙자한 가짜뉴스가 진짜뉴스를 퇴출시키면서 언론의 자유를 파괴함. - SNS의 역기능

- 지식인의 양극화 – 대립과 갈등 조장

- 아동학대, 자녀학대, 학교폭력, 교사폭행, 가족 집단자살(자식과 동반 자살), 흉악범, 마약 등의 만연

- 특권사회, 특권카르텔, 부정부패 만연, 부패공화국

- 북한의 핵무기로 언제 한반도에서 핵무기 전쟁이 일어날지 모름.(불안한 김정은에 의한 한민족의 운명 결정)

* 지금 대한민국이 이런 붕괴 직전의 상황에 직면해 있는데도, '한강의 기적', '유사 이래 가장 잘 사는 때', '선진국 진입', '전 세계가 부러워하는 나라'라고 말하면서 과거 정권을 칭송만 해서 되겠는가? '기적처럼 성장했으나 기적처럼 붕괴할 수 있음'을 직시해야 함. 전 세계에서 이렇게나 급격하게 붕괴해가는 나라는 없음.(자살률은 1등, 출산율은 꼴찌)

* 양극화가 기적 같은 붕괴의 가장 중요한 요인임에도 불구하고 양극화를 극복할 정책을 내놓기보다 오히려 양극화를 심화시

킬 정책을 내놓는 경우가 많음.(성장 강조, 자유 강조, 고소득에 대한 세율 인하, 상속세 폐지 등)

* 물량적 성장으로 보면 분명 잘 살 수 있게 되었는데도 왜 이렇게 살기 어려울까?

* 어느 한 정부 탓일까? 어느 한 정부의 탓으로 돌리는 경향이 있는데, 이렇게 하면 문제의 본질을 보지 못해 더 어려워짐. 모든 정부의 책임임.

* 여러 측면에서 성장은 했는데, 비인간적인 사회를 만들어왔을 뿐만 아니라 사회를 붕괴시킬 요인들을 축적해옴. (양극화, 부정부패, 가치관 전도, 한탕주의, 폭력, 돈주의 등).

- '돈주의'가 문제임. 사람이 돈을 지배하는 것이 아니라 돈이 사람을 지배하니 사람이 돌아버림.)

* 모든 사람이 행복하게 살 수 있는 방안을 강구해야 이 모든 문제가 해결됨.

* 더 성장하면 살기 좋은 나라가 될까? 체제정비가 없이 더 성장하면 더 불행하게 됨. 그런데도 더 성장하려고 함. 인간답게 살 수 있는 세상을 만들어 놓은 상태에서의 성장이라면 행복한 삶에 도움이 될 수도 있겠으나 지금처럼 양극화로 비인간적이 된 사회 속에서의 성장은 인간을 더 불행하게 함. 성장이 양극화를 더 확대시킬 뿐만 아니라 가난한 사람은 더 가난하게 할 수 있기 때문. 그리고 더욱더 비인간적인 세상이 될 수 있기 때문.

* 국가운영과 인생영위의 목표가 잘못 설정됨. - 국민소득 증대를 추구할 것이 아니라 모든 국민이 행복한 나라를 추구해야 함.

* 더 많은 소득과 더 많은 소비를 위한 과잉생산과 과잉소비가 불행의 근본 원인인데도 더 많은 소득과 더 많은 소비를 추구하고 있어 생산과 소비가 늘어나면 더 불행해짐.

* 이처럼 잘못된 제도와 관행이 늘려 있는데도 이를 해결할 방안을 갖고 있지 못함. 예컨대 입시지옥, 사교육비, 공교육 붕괴, 학교폭력, 고교평준화, 비정규직, 청년실업, 세계 최고의 자살률, 세계 최저의 합계출산율, 미세먼지 등에 대한 해법을 갖고 있지 못함. 정치권만 갖고 있지 못한 것이 아니라 지식인사회도 갖고 있지 못함. 일본 등 다른 나라도 마찬가지.

2) 전 세계적 위기

- 기후위기 - 폭염, 산불, 멸종, 미세먼지, 초미세먼지, 코로나 팬데믹

* 코로나 팬데믹 - 전 세계 7억명 감염, 690만명 사망(미국 1억736만명 감염에 102만명 사망, 프랑스 3000만명 감염에 14만7000명 사망, 독일 2500만명 감염에 14만명 사망, 일본은 3380만명 감염에 3만명 사망, 한국은 3400만명 감염에 3만5800명 사망, 치명율 0.10%), 백신으로 퇴치 가능할까?

- 국민소득 8만달러인 미국의 혼란과 불안, 전 세계가 부러워한 일본의 '잃어버린 20년', 유럽의 견인차 역할을 해온 독일의 침체 등, 왜 이럴까? 그 원인을 정확히 진단하고 대책을 내놓는 나라나 학자가 없음을 직시해야 함. - 경제성장 곧 국민소득 증대로 국민이 행복할 수는 없음을 말해줌.

- 국민소득이 증대할수록 국민의 불행 심화(이스탈린의 역설, 케인즈의 손자세대를 위한 경제적 가능성)

- 포퓰리즘의 만연 - 민주주의 이름으로 민주주의 파괴(포퓰리즘, 팬덤정치-전체주의화)

- 가짜뉴스의 범람 - 언론의 자유를 빙자한 가짜뉴스가 언론의 자유와 민주주의 파괴 – SNS의 역기능(가짜뉴스, 개인의 파편화)

- 인류문명발전의 원동력이었던 과학기술이 인류의 생존을 위협-초인공지능에 의한 포스트 휴먼의 출현으로 현존 인류 소멸, 챗GPT에 의한 효율과 혼란

- 인간성의 황폐화 – 우울증 환자 급증, 은둔형 외톨이 급증(일본 히키코모리 115만명), 폭력의 일반화(영화, 넷플릭스)

- 미국과 중국의 갈등, 러-우전쟁, 이-팔전쟁 등 제3차 세계대전 발발할 수 있음.(투키디데스의 함정)

* 전 세계가 굉장히 발전하여 모든 사람이 행복하게 살 수 있을 물질적 정신적 조건이 갖추어진 것 같은데도, 그리고 앞으로

도 비약적으로 발전할 것 같은데도, 왜 전쟁, 범죄, 팬데믹, 마약, 빈곤, 이민갈등, 가짜뉴스 등으로 인류가 파멸할 것 같을까? 어떻게 해야 이런 상태를 극복할 수 있을까?

- 인간이 탐욕으로 더 많이 소유하고 더 많이 소비해야 행복할 줄로 알고 과잉생산과 과잉소비에 매달리기 때문임. 즉 행복의 지혜를 갖고 있지 못함. 과잉생산과 과잉소비는 세계를 위해서도 해롭지만 자신의 행복을 위해서도 해로움. 새로운 행복의 길 곧 더 많은 소유와 소비가 아니라 자아실현에 행복이 있음을 알아야 함.

3) 기후위기, 미세먼지, 코로나 팬데믹, 인간성 상실 등의 근본 원인

- 더 많은 소유와 더 많은 소비를 위한 과잉생산과 과잉소비에 따른 온실가스 배출로 지구환경 훼손

- 산업의 정보화에 따른 자동화와 신제품으로 양극화 심화와 악순환 - 루저(패배자)의 폭증과 흉악범죄 증가, 묻지마 범죄 만연

- 양극화의 심화로 생존의 위협을 느끼는 사람들이 포퓰리즘에 편승하여 민주주의 파괴

- SNS, 챗GPT 등 문명의 이기가 문명의 흉기가 되어 언론의 자유와 민주주의 및 인간성 파괴

4) 해법과 대책

(1) 기후위기에 따른 폭염, 산불, 미세먼지, 코로나 팬데믹을 방지하기 위해서는 과잉생산과 과잉소비를 중단해야 함.

인간이 행복하기 위해서는 더 많은 생산과 더 많은 소비가 필요한데도 생산과 소비를 늘리지 않아야 하는 것이 아니라, 국민소득이 2만 달러(3만 달러) 이상이면 이것으로 행복할 수 있어 생산과 소비를 더 늘릴 필요가 없기 때문에 생산과 소비를 늘리지 않아야 함. 오히려 3만달러 이상 소비하면 불행하게 됨. 개인도 불행하지만 사회도 불행해짐(미세먼지, 코로나 팬데믹, 인간성 파괴, 기후위기 등으로). 그래서 인간의 행복에 필요한 만큼만 생산하고 소비해야 함. 즉 과잉생산과 과잉소비를 중단해야 함.

(2) 이렇게 할 수 있으려면 행복관 곧 가치관을 바꾸는 것이 무엇보다 중요함. 더 많은 소유와 더 많은 소비에 행복이 있는 것이 아니라 자기가 하는 일에서 보람과 기쁨을 누리는 자아실현에 최고의 행복이 있음을 알아야 하고, 이렇게 할 수 있도록 국가를 운영하고 삶을 영위해야 함.

* 가치관의 변화 = 행복관의 변화

소유와 소비, 지배와 착취에 보람과 기쁨 곧 행복이 있다고 보아온 '소득 위주의 가치관'에서 벗어나, 창조와 생산, 봉사와 절제에 보람과 기쁨 곧 행복이 있다고 보는 '자아실현 위주의 가치관'을 정립해서 이를 실천해야 함.

(3) 인간으로서의 기본생활 곧 의식주와 의료, 교육이 어려웠던 산업문명시대까지는 더 많이 소유하고 더 많이 소비하는 데서 행복을 누릴 수 있었으나, 과학기술의 혁명적 발달로 생산력이 비약적으로 발전함으로써 모든 사람이 인간으로서의 기본생활을 영위할 수 있게 된 정보문명시대에는 더 많은 생산을 통한 더 많은 소비가 아니라 자기가 하는 일에서 보람과 기쁨을 누리는 자아실현에서 행복을 누릴 수 있게 됨.

(4) 더 많은 소유와 더 많은 소비가 아니라 자아실현에서 행복을 누리려 하는 사회가 되면 국민소득이 2만달러 내지 3만달러만 되면 모든 국민이 행복할 수 있기 때문에 과잉생산과 과잉소비를 중단하게 됨.

* 국민소득이 3만달러일 때 국민이 행복한 국가경영을 하지 못하면 국민소득이 5만달러, 7만달러, 10만달러가 되어도 국민이 행복하지 못함. 더 불행하게 됨. 양극화와 인간성 상실이 더 심해지기 때문.

(5) 국민소득의 증대(경제성장)가 아니라 현재의 국민소득(3만달러)에서 국민이 행복할 수 있도록 국가를 운영하고 삶을 영위하게 되면 과잉생산과 과잉소비가 중단되고, 이에 따른 지구환경파괴도 없어짐. - 미세먼지, 코로나 팬데믹, 인간성 파괴 등 극복 * 현재의 국민소득을 유지하면 된다고 해서 기술혁신을

포함한 경제성장을 위한 다양한 노력을 하지 않아도 된다는 것이 아님. 현재의 국민소득 3만달러를 유지하기 위해서도 많은 기술혁신 등 노력을 해야 함. 경제성장율이 0%라고 해서 경제활동을 열심히 하지 않은 것이 아님. 그래서 경제성장을 위해서 노력하되 그것이 국민소득의 증대를 위해서가 아니라 자아실현이 되게 해야 한다는 뜻임. 현재의 국민소득을 유지하는 것도 대단히 어려운 일임.

(6) 인간성 상실에 따른 정신질환, 묻지마 범죄 등을 겪지 않으려면 소득의 양극화가 중단되고 모든 국민이 인간으로서의 기본생활 곧 의식주와 의료, 교육을 누릴 수 있어야 하며, 이와 더불어 자아실현의 일을 할 수 있어야 함.

이것이 가능하려면 사회보장제도를 확립해서, 모든 국민의 기본생활을 보장하고, 모든 국민에게 일할 수 있는 기회를 제공해야 함. 모든 국민이 일할 수 있게 하기 위해서는 공공근로를 대량 제공해야 함.

5) 비전(飛展)과 과제

(1) 상황과 조건 - 과학기술의 혁명적 발달과 생산력의 비약적 발전

가) 세상 변화의 원동력 – 과학기술의 발달

에너지혁명, 신소재혁명, 정보통신혁명, 생물공학혁명 등 과

학기술의 혁명적 발달로 생산력의 비약적 발전

* 원자, 분자, 전자, 유전자 등 물질의 극소 단위가 극대의 효과 발휘

* 딥 러닝(스스로 생각하는 컴퓨터 – 인공지능, 초인공지능)

* 챗GPT에 의한 효율 증대와 생활방식의 전면적 변화

나) 디지털문명시대의 도래 - 신문명시대의 도래

산업의 디지털화, 문화의 디지털화, 사회의 디지털화, 인간의 디지털화

* 인공지능, 빅 데이터, 로봇, 드론, 메타버스에 의한 세상의 총체적 변화

* 초인공지능에 의한 트랜스 휴먼과 포스트 휴먼 시대로의 전환 – 인류의 위기 - 호모 사피엔스의 종말?

* 후천개벽, 인간해방(자아실현)의 시대 – 포스트 휴먼 시대(인간의 종말)

다) 디지털문명시대의 도래에 따른 삶의 조건 획기적 개선

- 산업의 정보화에 따른 생산력의 비약적 발전으로 인간의 삶에 필요한 재화와 용역의 무한한 생산- 한계비용 제로 - 경제적 안정, 사회적 평화

- 4차 산업혁명 곧 인공지능, 빅 데이터, 바이오닉스(생명공학

과 인간기계공학) 등으로 인간의 한계(신체적 질병, 정신적 한계) 극복 – 호모 데우스

- 정보통신수단의 발달로 인간의 사회정치의식 고양 – 민주주의 구현과 자아실현의 주체적 조건 확보. 정치적 자유

- 그래서 디지털시대에 잘 대처하면 모든 사람이 자아실현의 보람과 기쁨을 누리며 행복하게 살 수 있음

라) 한민족의 우수한 자질과 좋은 조건

- 우수한 두뇌, 탁월한 건국이념인 홍익인간 이화세계, 탁월한 문자 한글, 선비정신, 효사상, 한국 근대 신흥종교의 후천개벽 사상

- 지정학적·지경학적 호조건, 아시아태평양 시대의 중심국가

(2) 디지털시대의 도래에 잘못 대처할 때의 문제점

가) 산업의 정보화 곧 자동화와 신제품으로 대량실업과 소득양극화의 구조화

산업의 정보화 곧 자동화와 신제품으로 '20 대 80의 사회(1 대 99의 사회)' 도래 - 20% 부유층의 소득을 80% 빈곤층에게 재분배하지 않으면 20% 부유층도 곤경에 처함.

- 과잉생산과 과잉소비에 따른 환경파괴로 기후위기 초래 – 미세먼지, 가뭄과 홍수, 폭염, 산불, 코로나 팬데믹, 사회붕괴

- 인간성 상실 - 이기주의 곧 돈주의의 보편화 - 진정한 행복을 모름. 개인도 사회도 불행하게 됨.

* 디지털시대에 잘 대처하지 못하면 사회붕괴와 인생파탄의 대재앙 직면

* 재화와 용역이 부족해서 어려움을 겪는 것이 아니라 너무 많아서 어려움을 겪음. 너무 많은데 제대로 대처하지 못하면 오히려 부족해짐. - 현 상태

- 농사의 경우 풍년이면 농민 어려움, 흉년일 때 높은 소득을 올림.

- 몸이 여위어서 걱정하는 것이 아니라 비대해서 걱정함.

* 인생파탄이냐 자아실현이냐의 역사적 갈림길

나) 코로나 팬데믹의 역사적 경고와 교훈

- 코로나 팬데믹의 원인 - 과잉생산과 과잉소비로 인한 지구환경 파괴

- 코로나 팬데믹은 인간이 탐욕을 억제하지 못해 과잉생산과 과잉소비에 매달리면 지구환경이 파괴되어 코로나 팬데믹과 같은 대재앙을 겪게 되니 과잉생산과 과잉소비를 중단하라는 역사적 경고임. 기후위기, 미세먼지 등은 역사적 경고임을 알아야 함.

- 그런데도 코로나 팬데믹이 끝나서 경제가 회복되기를 바라

는데, 어느 정도의 경제회복은 필요하지만 지난날처럼 경제가 회복되어 과잉생산과 과잉소비를 하게 되면 더 심각한 코로나 팬데믹 곧 더 큰 재앙을 맞게 됨.

- 코로나 팬데믹의 해법 - 더 많은 소유와 더 많은 소비가 아닌 자아실현에서 행복을 구현함으로써 과잉생산과 과잉소비를 중단해야 함. 그래야 지구환경이 보전됨.

- 과잉생산과 과잉소비를 위한 성장제일주의에서 벗어나 자아실현을 추구하는 이념과 정책을 구현할 정치가 나와야 함. - 신문명정치

* 코로나 팬데믹에서 역사적 교훈을 얻어 과잉생산과 과잉소비를 중단하는 근본적 개혁을 해야 하는데, 전 세계 대부분의 나라들이 그렇지 못하고 코로나 팬데믹이 끝나면 다시 경제를 성장시킬 생각만 함.

(3) 어떻게 살아야 행복한지 알아야 함

가) 소유와 소비가 아니라 자아실현에서 최고의 행복을 누릴 수 있음을 알아야 함.

- 산업문명시대까지는 더 많은 소유와 더 많은 소비가 인간의 행복 증진에 크게 기여했으나, 생산력의 비약적 발전으로 재화와 용역이 넘쳐나는 디지털문명시대에는 더 많은 소유와 더 많은 소비가 아니라 자기가 하는 일에서 보람과 기쁨을 누리는 자

아실현이 인간이 누릴 수 있는 최고의 행복임을 알아야 함. 따라서 국정운영의 목표는 모든 국민이 자아실현의 삶을 살 수 있게 하는 것이어야 함.

(모든 사람이 행복하게 살 수 있는 사회경제적 조건이 조성되었는데도 왜 불행한가? 행복하게 사는 방법을 모르기 때문. 돈, 권력, 명예를 가지면 행복하리라고 보나, 그렇지 않음. 돈이 많은 사람, 권력을 가진 사람, 명예를 얻은 사람도 불행한 사람이 많음. 자기의 꿈과 희망을 실현하는 것 곧 자기가 하고 싶은 일을 하면서 그 속에서 보람과 기쁨을 누리는 자아실현이 최고의 행복임.)

나) 자아실현에서 최고의 행복을 누리기 위해서는 이에 맞는 가치관과 세계관을 정립해야 함.

- 자아실현의 가치관 정립

산업문명시대 가치관 극복(소유·지배·착취·소비에서 보람과 기쁨 추구 - 물질적 가치)

정보문명시대 가치관 정립(창조·생산·봉사·절제에서 보람과 기쁨 추구 - 정신적 가치)

- 자아실현의 세계관 정립

산업문명시대의 세계관(대립과 투쟁의 이원적 세계관 - 물질과 정신의 분리, 자연과 인간의 대립, 가진 자와 못가진자의 투

쟁) 극복

정보문명시대의 세계관(통일과 상생의 일원적 세계관 - 물질과 정신의 통일, 자연과 인간의 상생, 가진 자와 못가진자의 대동) 정립

* 반론 검토 – 인간의 욕망은 무한한 터에 더 많이 소유하고 더 많이 소비하고자 하는 욕망을 억제하는 것이 가능할까? 일반적으로 인간의 욕망을 억제한다는 것은 불가능한 것으로 보고 있음. 욕망을 억제하지 못하는 사람이 있을 텐데, 그런 사람은 행복할 수 없음. 욕망을 억제할 수 있기 위해서는 지혜로운 사람이 되어야 함. 그래서 지혜가 중요함.

인간의 욕망은 억제할 수 있고 또 억제해야 할 때가 오면 억제해야 함. 욕망을 억제하려면 지혜를 가져야 함. 욕망 충족보다 행복이 더 중요하기 때문. 경제학에 '한계효용체감의 법칙'이라는 것이 있는데, 이것은 재화 1단위당 얻는 효용의 증가분이 점점 줄어져 마침내는 효용 곧 만족감이 0이 되는 것을 말하는데, 만족감이 0이 되면 더 이상 욕망을 채우려고 할 필요가 없음. 욕망이 충족되면 더 이상 욕망이 생기지 않게 됨. 만족감이 없는데 왜 더 욕망하게 되겠는가? 즉 인간의 욕망은 무한한 것이 아님.

또 이런 반론이 있음. 인간의 욕망이 사회발전의 원동력인 터에 그것을 억제하는 것은 옳지 않다고 주장. 인간의 욕망이 사회

발전의 원동력이 되는 것은 인간의 삶에 필요한 재화와 용역이 부족해서 더 성장할 필요가 있을 때 그런 것이지, 더 성장할 필요가 없을 때는 인간의 욕망 곧 소유욕과 소비욕이 더 이상 사회발전의 원동력이 되지 못함. 더 성장하면 인간은 불행하게 되기 때문. 소유욕이나 소비욕이 아니라 자아실현의 욕구가 사회발전의 원동력이 됨.

- 욕망을 억제하지 못해 행복하게 살지 못하더라도 더 많이 소유하고 소비하겠다는 사람은 어리석어서 불행할 수밖에 없음. 그런 식의 삶을 살게 되면 개인만 불행하게 되는 것이 아니라 사회도 불행하게 됨. 미세먼지, 코로나 팬데믹, 사회적 갈등, 묻지마 범죄 등이 발생하기 때문. 그래서 인간의 행복은 지혜의 산물임. 지혜로워야 행복할 수 있음.(종교, 철학, 역사 등에서 지혜를 얻을 수 있으나 지금은 새로운 역사의식에서 지혜를 얻어야 함.)

- 산업문명시대까지는 인간의 욕망은 무한해도 틀린 것이 아니었음. 그러나 정보문명시대에는 인간의 욕망은 무한할 필요가 없고, 무한한 욕망을 채우려고 하면 더 불행하게 됨.

* 서유럽 복지국가(영국, 프랑스, 독일, 스웨덴 등)들이 자살률이 높고 침체상태에 빠지게 된 것은 소유욕과 소비욕을 충족시키려 하는 것으로는 인간이 행복할 수 없음을 말해 줌. 인간이 누릴 수 있는 최고의 행복이 자아실현에 있음을 알고서, 이를 추구해야 함.

* 일본의 경우 경제대국에 국민성도 뛰어난데도 왜 '잃어버린 30년'이 되도록 장기불황에 국민은 무기력증에 빠져 있을까? 일본만의 문제가 아니다. 미국, 서유럽, 한국 등 전 세계적인 문제다. 특히 선진공업국이 모두 그런 상태에 있다. 왜 그런지, 그리고 그 해법을 알고 있는가? 정치인도 학자도 그 해법을 제시한 사람이 없어 보임. 경제침체의 극복을 통해서 그것을 해결하려 하면 안 됨. 경제침체의 해법을 찾을 수도 없거니와 만약 찾아서 또다시 경제를 더 성장시키게 되면 더 큰 재앙을 맞게 됨.

그래서 더이상 경제성장에 매달려서는 안 된다는 것을 알아야 함. 그래서 경제성장 곧 국민소득의 증대가 아니라 자아실현이 국민을 행복하게 하는 것임을 알고서 모든 사람이 자아실현의 삶을 살 수 있도록 하는 국가운영방안을 강구해야 함.

이 글은 이런 문제의식에서 그 해법으로 자아실현의 신문명 국정운영방안을 제시하고 있음.

6) 디지털(정보문명)시대의 정치 - 신문명정치

(1) 성장 위주의 정책이 아니라 자아실현 위주의 정책을 강구해야 함.

- 현재의 국민소득 3만달로 모든 국민이 행복하게 살 수 있도록 해야 함.(이를 위해서는 국민의 기본생활 곧 의식주와 의료, 교육을 국가가 보장한 가운데, 모든 국민에게 자아실현을 위한

일자리를 제공해야 함.)

- 국민소득 3만달러로 국민이 행복하게 살 수 없으면 국민소득이 5만달러, 10만달러가 되어도 국민이 행복하게 살 수 없음. 국민소득만 늘어나면 더 불행하게 됨.

- 현재의 국민소득을 유지하기 위해서도 창조하고 생산하는 활동이 필요함.

(2) 국민의 기본생활인 의식주와 의료, 교육을 국가가 보장

– 사회보장제도 확립

- 사회보장제도의 확립으로 모든 국민의 기본생활을 국가가 보장한 가운데 자아실현의 기회를 가질 수 있게 함.

- 국민의 기본생활을 보장하는 사회보장제도를 확립하면 온갖 종류의 복지지출이 단순화됨. 이렇게 하면 사회보장비용도 절감되고 복지사각지대도 없어지며 양극화에 따른 여러 사회문제도 최소화함.

* 사회보장제도를 확립해서 모든 국민의 기본생활 곧 의식주와 의료, 교육을 국가가 보장한 가운데, 그 위에서 누구나 자기가 하고 싶은 일을 할 수 있는 나라가 되어야 함.

(3) 사회보장제도의 확립으로 국가경쟁력을 강화해야 함. 사회보장제도를 확립하면 물가와 임금이 낮아져 수출경쟁력이 강화되고 외국인 노동자의 유입이 줄어짐.(사회보장제도의 미확

립으로 임금과 물가가 타국에 비해 높기 때문에 수입 폭증, 수출 침체, 노동력 유입으로 국가경쟁력이 약화됨.)

 * 사회보장제도의 전략적 의의 - 소득양극화 대처, 국가경쟁력 강화, 사회구조조정 뒷받침, 노사분규 감소, 모든 국민에게 일자리 공급, 입시지옥과 고교평준화 폐지, 사회 평화, 자원의 낭비 방지

 (4) 일할 수 있는 모든 국민에게 자아실현의 활동 기회 제공

 - 생산과 유통의 대부분을 로봇과 인공지능(AI) 등이 담당하기 때문에 문화나 봉사 등에서 사회적 일자리를 제공해서 자아실현 할 수 있게 해야 함.

 (5) 기업경영의 자율성 보장

 - 기업에 인력운용의 자율성을 보장하여 신규채용과 해고를 기업 자율로 할 수 있게 하여 대기업 정규직의 철밥통을 깨서 청년들의 취업을 획기적으로 늘이고 불합리한 비정규직은 없앰.

 - 독점, 환경, 보건, 안전, 사기에 대한 규제 이외에는 규제 철폐

 - 민주노총, 전교조, 공기업 등의 부당한 횡포 척결

 (6) 임금, 연금, 소득, 소비 등에서 양극화 지양

 (7) 친환경 에너지의 확대 - 원자력 에너지 확대와 기술개발

 (8) 소유가 아닌 자아실현, 돈이 아닌 명예 위주의 사회 지향 (독립운동, 민주화운동, 의사상자를 돈으로 보상하는 것은 옳지 않음. 이런 보상이 없이도 누구나 인간답게 살 수 있게 해야 함.)

(9) 법치주의 확립 - 집단이기주의(떼법) 타파, 불법행위 엄단, 부정부패 척결

(10) 지방의 교육과 산업을 획기적으로 육성해서 국가균형발전과 수도권 주택문제 해결(수도권은 과밀화, 지방은 공동화)

- 지방학교의 시설 초현대화, 지방 근무 교사와 교수에게 연봉의 20% 지방근무수당 지급, 지방대학 졸업생의 지방기업 우선적 취업

- 지방 소재 기업에는 소득세와 법인세, 지방세 등을 최소 20년 이상 전액 면제하고, 그 후에는 50% 정도 감면하는 등 다양한 혜택을 주어, 지방으로 이전하거나 지방에 신설하는 기업이 많도록 하여 일자리 때문에 수도권으로 몰려가는 일이 없게 함. 수도권 과밀화와 지방 공동화를 막음. 이렇게 해야 수도권의 주택문제도 해결됨.

- 지방소재의 병원에 근무하는 의사와 간호사에게도 정부가 월급의 20%를 지방 근무수당으로 지급.

(11) 자주국방 확립과 민족통일 적극 추진

- 국가안보를 강화하고 핵무기를 보유해야 함. 전략상으로도 핵무기 보유 의사를 천명해야 함.

- 민족통일을 국정운영의 최우선과제로 선포하고 이를 강력히 추진해야 함.

- 북한 김정은 위원장이 남한과 북한은 '더 이상 동족관계, 동

질 관계가 아닌 적대적인 두 국가, 전쟁 중에 있는 두 교전국, 남한을 통일과 협력의 대상이 아니라 제1의 적대국, 불변의 주적으로 규정하고, 북한과 남한을 동족 내지 통일로 오도하는 평화통일, 민족대단결 등 민족통일을 의미하는 말을 북한 헌법에서 빼겠다고 한 것은 북한 인민의 남한 동경과 통일열망 때문에 김정은 정권이 더 이상 정권을 유지하기 어려운 상황에 놓인 것을 의미하기 때문에 민족통일을 적극 추진해야 함. 그리고 민족통일을 적극 추진할 수 있는 정권이 들어서야 함.

(12) 고위공직자 특권 폐지, 부정부패 척결 - 국회의원 등 차관급 이상의 정무직 공직자 월급을 근로자 평균임금으로 함.

(13) 국가기관과 기업 등 조직운영의 디지털화(메타버스의 상용화 추진)

- 디지털화의 긍정적 효과와 부정적 효과에 대한 대책 수립

7) 신문명 정치의 이념 - 민주시장주의

민주시장주의의 기본원리 : 자율 상생 순환 조정

(1) 공동체민주주의

(2) 민주적 시장경제

(3) 노동보람주의

(4) 국가복지주의

(5) 생태주의

(6) 비폭력조정주의

* 이념을 민주시장주의로 정한 것은 국가운영에서 가장 중요한 것은 국민을 행복하게 하는 것인데, 디지털문명시대에 국민의 행복을 이루기 위해서는 경제활동 가운데 가장 중요한 생산활동(노동)과 소비에서 자아실현의 보람과 기쁨을 누리도록 하는 것이 되어야 하겠고, 노동과 소비에서 자아실현의 보람과 기쁨을 누릴 수 있게 하기 위해서는 선택의 자유를 보장할 뿐만 아니라 생산물의 처분에서 자아실현의 보람과 기쁨을 누릴 수 있게 하는 것이어야 하는데, 이를 위해서는 시장경제여야 하기 때문. 다만 독점, 환경, 보건, 안전, 사기, 분배에서는 민주적 통제가 필요하기 때문에 민주적 시장주의 곧 민주시장주의를 이념으로 하게 됨.

* '이념의 시대는 끝났다'고 하는데 이념이 있어야 하는가?

이념의 시대가 끝났다고 한 것은 미국의 사회학자 다니엘 벨의 저서 '이데올로기의 종언'에 영향 받은 바가 큰데, 여기서 말하는 이데올로기의 종언은 마르크스주의로서의 사회주의의 종언 곧 '공산주의의 종언'을 의미함. 국가운영에는 이념이 있어야 함. 이념은 국가운영의 목표와 전략이기 때문.[1]

---

1 자세한 내용은 '장기표의 행복정치론' 참조

5
코로나19의 역사적 경고와 교훈

코로나19 팬데믹으로 전 세계가 엄청난 고통을 겪은 바 있다. 전 세계에서 확진자가 6억9천만명, 사망자가 6백9십만명을 넘었고, 우리나라도 확진자가 3천2백만명, 사망자가 3만5천명을 넘었다. 인류의 생존마저 위협받은 것도 문제지만, 자영업의 붕괴나 모임의 금지, 학교의 폐쇄 등으로 일상생활이 완전히 파괴되었었다. 인류사적 대재앙이었다.

의료기술이 크게 발달했지만 코로나19를 퇴치할 방안은 찾지 못했다. 백신을 개발했다고는 하나 그 부작용이 심각한 데다 효과도 약해서 코로나19는 오랜 기간 맹위를 떨치면서 인류를 위협했었다.

과학기술의 혁명적 발달로 생산력이 비약적으로 발전했거니와, 심지어 인간이 신의 경지에 이르는 호모 데우스의 시대가 도래하고 있다는데도, 미세하기 짝이 없는 바이러스에 의해 인류의 생존이 위협받았으니, 왜 이랬을까?

지금까지 알려진 바로는 코로나19의 발생 원인은 자연생태계의 파괴로 인한 변종 바이러스의 출현 때문으로 파악되고 있다. 그 발생 원인이 구체적으로 무엇이든 근본적인 원인은 과잉생산과 과잉소비에 따른 자연생태계의 파괴로 인한 신종 바이러스의 창궐 때문임은 분명해 보인다. 코로나19에 앞서 있었던 메르스나 사스, 미세먼지 등의 원인도 과잉생산과 과잉소비에 따른 자연생태계의 파괴 때문이었다. 그래서 코로나19 백신의 개발로 코로나19를 퇴치하더라도 자연생태계의 파괴를 멈추지 않는 한 유사한 질병이 계속해서 나타나 인류의 생존을 위협하게 되어 있다. 그리고 다들 이것을 인정하면서도, 그리고 심지어 인류역사를 코로나 이전 시대 곧 Before Corona와 코로나 이후 시대 곧 After Corona로 나누어야 한다는 주장까지 하면서도 자연생태계를 파괴하는 과잉생산과 과잉소비를 멈출 생각은 하지 않고 있다.

〈코로나19 등을 피하려면 과잉생산과 과잉소비를 멈춰야 한다〉

이래서는 코로나19보다 더 심각한 질병을 맞을 수밖에 없다. 코로나19의 발생을 계기로 자연생태계를 파괴하는 과잉생산과 과잉소비를 멈출 방안을 강구하는 것이 너무나 당연하다. 그런데도 그렇게 할 자세가 전혀 되어 있지 못한 것이 전 세계의 실상이다. 그렇게 하려면 백신의 개발이나 사회적 거리두기 완화 등에만 신경 쓸 것이 아니라 과잉생산과 과잉소비를 줄일 방안을 찾아나서야 하는데, 전혀 그렇지 못하니 말이다. 대부분의 나라들이 코로나19로 침체된 경제를 회복해서 국민소득을 올릴

방안을 찾는 데만 열을 올리고 있으니, 이것은 코로나19의 원인이 된 과잉생산과 과잉소비를 줄이기는커녕 오히려 그것을 더 확대함으로써 코로나19보다 더 심각한 질병을 초래할 뿐이다.

그런데 인간이 행복하게 사는 데 필요한 재화와 용역을 조달하기 위해서는 생산량과 소비량을 늘려야 하는데도 코로나19와 같은 재앙을 피하기 위해서는 어쩔 수 없이 더 늘려서는 안 된다는 것이 아니다. 선진공업국을 비롯한 대부분의 나라에서는 이미 생산되거나 소비되는 것만으로도 행복하게 살 수 있기 때문에 생산량과 소비량을 더 늘리려 해서는 안 된다는 것이다. 즉 과잉생산과 과잉소비를 줄일 수 있고 또 줄여야 하는데도 줄이지 않으니 하늘이 코로나19로 재앙을 내려서 줄이게 하려는 것이다. 이렇게 해도 과잉생산과 과잉소비를 계속한다면 더 큰 재앙을 내릴 것이 틀림없다.

〈지금의 국민소득으로도 국민이 행복한 나라를 만들어야 한다〉

한국의 경우 지금 국민소득이 3만5천달러인데 국민이 행복한가? 전혀 행복하지 못하다. 그러면 국민소득이 5만달러, 10만달러가 되면 국민이 행복하게 되겠는가? 행복해지기는커녕 더 불행해질 것이다. 국가운영방안과 삶의 영위방식을 바꾸지 않은 채 국민소득만 늘어날 경우 양극화와 인간성 상실이 더 심해져 국민이 더 불행해지는 것은 물론 자연생태계가 더 파괴되어 코로나19보다 더 심각한 질병이 나타날 것이니 말이다. 그래서 국민소득이 3만5천달러일 때도 국민이 행복할 수 있는 국가운영 방안을 강구해야지, 국민소득을 더 늘려서 행복해지려고 해서는 결코 국민을 행복하게 할 수 없다.

미국이나 영국, 독일, 일본 등도 마찬가지다. 국민소득이 이미 8만달러, 5만달러나 되는데도 국민이 행복하기는커녕 온갖 사회문제에 시달리는 것은 물론 코로나19도 다른 경제적 후진국보다 더 심각한 고통을 겪었었다. 그래서 국민소득이 증대된다고 해서 국민이 행복해지는 것은 아님을 알 수 있다. 그런데도 세계의 모든 나라들이 경제성장 곧 국민소득의 증대에 매달리고 있으니 한심한 일이다.

우리나라만 그런 것이 아니다. 전 세계가 그러하다. 정치인만 그런 것도 아니다. 지식인들도 경제회복 내지 경제성장 방안을 찾으려 할 뿐 현재의 국민소득으로도 국민이 행복하게 살 수 있는 방안을 찾으려고 하지는 않는다. 코로나19를 포함한 미세먼지, 지구환경의 파괴 등 인류의 생존을 위협하는 대재앙을 회피하려면 3만달러 정도의 국민소득으로도 행복하게 살 수 있는 국정운영방안과 삶의 영위방식을 찾아내야 한다. 이렇게 해야 코로나19 등을 불러들이는 과잉생산과 과잉소비에서 벗어날 수 있기 때문이다.

그래서 국민소득이 더 늘어나지 않아도 국민이 행복하게 살 수 있을 국정운영방안과 삶의 영위방식을 찾아내서 이를 강구해야 한다. 그것이 코로나19와 같은 자연생태계의 파괴에서 오는 재앙에서 벗어나는 길이기 때문이다.

그러면 현재의 국민소득으로도 국민이 행복하게 살 수 있게 할 방안이 있는가? 있다. 그것은 더 많은 소유와 더 많은 소비에서 행복을 누리는 것이 아니라, 자기가 하는 일에서 자아실현의 보람과 기쁨을 얻는 행복관을 정립해서 이를 국가운영과 삶의 영위방식의 기본으로 삼으면 된다. 인간은 본질적으로 자유의지를 가진 존재이기 때문에 더 많은 소유와 더 많은 소비가 아니라 자아실현에서 최고의 행복을 누리게 되어 있다. 이런 방안으로 국가를 운영하고 삶을 영위하게 되면 과잉생산과 과잉소비에서 벗어나 현재 수준의 국민소득으로도 모든 국민이 행복하게 살 수 있다.

이런 점에서 필자가 일찍이 제시한 민주시장주의와 자아실현정치론은 대단히 소중하다고 본다. 더 많은 소유와 더 많은 소비가 아니라 국민의 기본생활이 보장된 가운데 자기가 하는 일에서 보람과 기쁨을 누리는 자아실현이 최고의 행복이 되는 이유와 모든 국민이 자아실현의 삶을 살 수 있게 할 방안을 제시하고 있기 때문이다.

이런 점에서 코로나19는 인류에게 더 많은 소유와 더 많은 소비에서 행복을 누리려는 어리석음에서 벗어나, 자기가 하는 일에서 보람과 기쁨을 얻는 자아실현의 행복관을 정립하라는 역사적 교훈을 주는 것이기도 하다. 아울러 인간의 헛된 탐욕으로 과잉생산과 과잉소비에 매달려 있는 인류에게 그렇게 하지 말 것을 촉구하는 역사의 엄중한 경고이기도 하다. 더욱이 국민소득이 높고 의료시설이 잘 되어 있는 선진국일수록 코로나19로 더 큰 피해를 보고 있다는 점에서 국민소득을 높이고 의료시설을 더 잘 정비한다고 해서 코로나19와 같은 재앙을 맞지 않는 것이 아님을 알아야 하겠다.

코로나19는 인류에게 엄청난 고통을 안겨주었지만, 코로나19 때문에 사회운영시스템이나 삶의 영위방식의 발전을 가져온 부문도 대단히 많다. 이 과정에서 생활상의 교훈도 많이 얻었다. 마스크 착용이나 사회적 거리두기를 통해 나 혼자 잘 살려 해서는 안 되고 공동체 구성원 모두가 함께 잘 살도록 해야 한다는 상생의 정신을 배우게 되고, 온라인 상거래나 온라인 교육의 확대로 자원을 절약하는 방안을 강구하게도 되었다.

그래서 우리는 코로나19 사태를 새로운 국가운영방안과 삶의 영위방식을 강구하는 기회로 삼아야 하겠다.

3장

윤석열과 이재명의 적대적 공생

1

역시 국민의 판단은 탁월했다!

4.10 국회의원 총선 결과를 보고

4.10 선거에서 '범죄자 소굴'이라 불러서 별로 틀리지 않을 더불어민주당과 조국혁신당이 압승한 것은 대단히 유감스러운 일이다. 비록 그것이 윤석열 정부의 무능과 실정에 대한 반사이익 때문이긴 하지만 말이다.

그러나 국민의 입장에서는 현재 국정을 담당하고 있는 윤석열 정부의 실정, 특히 윤석열 대통령의 오만과 독선을 심판하는 것이 우선되어야 한다고 보아 국민의힘에 참패를 안긴 것이겠기에, 국민의 이러한 판단은 탁월한 것이고, 그래서 존중되어야 한다고 본다.

그럼에도 불구하고 우선 국민의 지탄은 차치하고라도 2심에서 징역 2년을 선고받고 곧 교도소에 수감될 사람인 조국이 정당을 만들어 24%를 얻어 국회의원을 12명이나 배출한다는 게 말이 되는가? 조국 스스로도 말하기를 자기가 구속되어 교도소에 가면 스쿼트와 팔굽혀펴기를 할 생각이라는 것 아닌가? 이런 사람이 선거 직전에 정당을 만들어 제3당의 지위를 확보할 만큼 성과를 거두었으니, 이게 정치이며 나라인가 말이다.

그런데 이런 성과를 거둔 이유가 무엇이었는가? 오직 윤석열 대통령을 끌어내리겠다는 것이었다. '반윤석열'을 강하게 외친 덕분에 징역 2년을 선고받아 곧 교도소에 수감될 사람이, 그것도 국민적 공분을 불러일으킨 사람이 만든 정당이 국회의원을 12명이나 배출했다.

그러면 이재명은 어떤가? 이재명이 여러 중대 범죄혐의를 안고 있다는 것은 세상이 다 아는 일이고, 그것보다 선거 직전에 이른바 '친명횡재', '비명횡사'라는 말이 유행할 정도로 자기에게 거슬리는 사람은 무조건 공천에서 배제하고 자기 쪽 사람들에게만 공천을 주었다. 이에 대한 국민적 비난이 엄청나게 거셌다. 한때 민주당 지지율이 국민의힘에 뒤지기도 했다. 그런데도 선거에서 국민의힘은 참패하고 민주당은 171석을 얻어 대승했다.

왜 이런 결과가 나왔을까? 국민들이 조국과 이재명이 나쁜 사람들이라는 것을 몰랐기 때문일까? 그들의 잘못을 어줍잖게 생각한 때문일까? 아니다. 조국이나 이재명이 나쁜 사람이라는 것을 모르지 않았다. 그러나 이들의 잘못은 당장 국민의 삶에 영향을 미치는 바가 적고, 윤석열 대통령의 오만과 독선, 이에서 비롯되는 무능과 실정은 당장 국민의 삶에 영향을 미치니 윤석열을 심판하는 것이 우선되어야 한다고 본 것이다. 이런 점에서 국민의 판단과 선택은 참으로 탁월했던 것이다.

대통령이 2년 가까이 그렇게나 오만하게 굴면서 인사파탄, 책임회피, 법치붕괴의 국정운영을 했는데도 국민이 이를 엄중하게 심판하지 않는다면 윤석열 대통령은 국민을 더욱더 우습게 볼 것이어서 말이다. 참패를 안겨주었는데도 정신 못 차리고 있는 터라 만약 승리라도 했더라면 더욱더 기고만장하지 않았겠는가!

작년 10월 강서구청장 선거에서 대통령실의 전폭적인 지원에도 불구하고 국민의힘 후보가 참패한 일이 있다. 이 참패를 윤석열 대통령의 오만과 독선, 그리고 무능 때문으로 보는 것이 일반적인 평가였다. 그래서 대통령의 반성을 촉구하는 사람들이 많았다.

이때 윤석열 대통령은 이렇게 말했다. '국민은 늘 무조건 옳다'고 말이다. 말투로 보아 국민의 판단이 옳음을 인정하고 싶지 않은 태도다. 어떻게 국민이라고 해서 늘 무조건 옳을 수 있는가? 옳지 않을 때도 얼마든지 있을 수 있다. 그런데도 굳이 국민의 판단은 '늘 무조건' 옳다고 하는 것은 국민의 판단은 '늘 무조건 옳다'고 하니 어쩔 수 없이 국민의 판단이 옳다고 한 것이지 자기 마음은 그렇지 않은 것을 은근히 풍기고 있다.

굳이 이 예를 드는 것은 윤석열이란 사람은 근본적으로 국민의 뜻을 존중할 마음이 없는 것으로 보이기 때문이다. 국민의 뜻을 존중하지 않는 사람은 민주국가에서 국가지도자가 될 수 없다. 이태원 참사에서 159명이 죽었어도 책임을 물은 고위공직자가 한명도 없었고, 실종자 수색작업에 투입된 채수근 상병이 죽었을 때도 책임자 문책을 회피하려다 4.10총선 참패의 한 원인을 제공하고 말았다.

결국 4.10 국회의원 총선거에서 국민적 지탄의 대상이 되고 있는 조국의 조국혁신당과 이재명의 더불어민주당이 압승한 것은 조국이나 이재명보다 윤석열이 더 미웠기 때문이다.

그래서 윤석열 대통령을 그대로 두는 한 조국과 이재명은 국민의 지지를 받게 되어 있고, 이재명은 대통령이 될 수도 있을 것이다.

보수우파 국민들은 '어떻게 이재명 같은 사람을 지지할 수 있는가?', '어떻게 조국 같은 사람을 지지할 수 있는가' 하고 탄식하겠지만, 이재명과 조국을 지지한 사람들은 '이재명과 조국이 옳지 않은 것을 우리도 안다. 그러나 윤석열은 더 나쁜 사람이야'라고 말하고 있는 것이다.

이들의 주장이 꼭 옳은 것은 아니지만 이것이 현재의 민심임을 인식하고 인정해야 한다. 그러지 않으면 계속해서 선거에서 질 것이니 말이다.

다만 아쉬운 점은 고래싸움에 새우등 터지는 격으로 기득권 양당이 극한적으로 대립하면서 '적대적 공생'을 하는 때문에 국민의 선택이 양당으로만 쏠려 제3의 정치세력이 득표할 여지가 없어진 것이다. 물론 이것을 극복할 새로운 대안세력을 만들어 내지 못한 것이 문제이긴 하지만 말이다.

그런데 윤석열 대통령은 국민의 이런 엄중한 심판을 받고서도 자신이 무엇을 잘못했는지 모르는 것 같다. 국민의 심판을 존중하겠다고 말했지만 사실은 자신은 국정운영을 잘해왔는데 국민이 이것을 몰라서 투표결과가 좋지 않게 나왔다고 말했으니 말이다. 대통령 탓이 아니라 국민 탓이고, 다만 소통이 잘 안 되어 이런 결과가 나왔으니 앞으로 소통을 잘하도록 하겠다는 것이다.

참모들이라도 잘해야 할 텐데 그런 것 같지도 않으니 원만한 국정운영은 기대하기가 어려울 것 같아 걱정이다.

2
윤석열 정권이 '이재명 구하기'에 나선 것 같구나!

* 이 글은 2022년 9월 9일 검찰이 이재명을 공직선거법상의 허위사실 공표죄로 기소하는 것을 보고서 이것은 윤석열 정부가 '이재명 구하기'에 나선 것으로 보아 쓴 글이다.

작년 9월 9일 페이스북에 올린 글을 굳이 이 책에 싣는 것은 윤석열 정부가 이재명을 구속하지 않는 것이 어찌하다 보니 이렇게 된 것이 아니고 처음부터 이재명을 구속할 의사가 없었기 때문이었음을 이 기소가 보여주었다고 보기 때문이다. 그런데도 이것을 모르고서 이재명을 구속하지 않는 데 오히려 들러리를 서주는 엉터리 보수우파 지식인들의 깨달음을 촉구하기 위한 것이기도 하다. 이런다고 깨달을 거 같지도 않지만 말이다! 편가르기에 따른 확정편향에서 벗어날 가능성은 전혀 없기 때문이다.

윤석열 정권의 검찰이 어제(2022년 9월 8일) 이재명 민주당 대표를 공직선거법상의 허위사실공표로 기소했다. '앙천대소' 곧 소가 하늘을 쳐다보고 웃을 일이다. 이재명 대표 말대로 '진짜 큰 혐의점은 놔두고 주변만 문제 삼는' 윤석열 정권 검찰의 행태로 보아서 윤석열 정권이 '이재명 구하기'에 나선 것이라고 보아야 할 것 같아서 말이다. 윤석열 정권의 검찰은 공직선거법상의 기소는 선거가 끝난 후 6개월 안에 해야 하기 때문에 우선 급한대로 이 사건을 기소한 것처럼 말했으나 사실은 이재명 데표를 제대로 수사할 의사가 없었기 때문으로 보지 않을 수 없다. 윤석열 정권이 들어서서 처음 기소한 것이 이것이니 말이다.

윤석열 정권의 검찰이 이 기소를 하자 이재명 대표는 이런 말을 했다. '윤석열 정부가 경찰과 검찰을 총동원해서 나를 샅샅이 뒤졌으나 아무 것도 나오는 것이 없으니 말꼬투리 하나 잡고 물고 늘어진다'고 말이다. 그럴 듯해 보이는 말 아닌가? 얼마나 죄가 없으면 이런 것 가지고 기소하느냐 말이다. 특히 이재명 지지자들에게 이 기소와 이 말은 '이재명은 죄가 없다'는 확신을 갖게 하는 역할을 했을 것이다. 그래서 이미 오래 전부터 '야당탄압', '정치보복'을 내걸고 '반윤석열 투쟁'을 하고 있는 것이다.

물론 최종적으로는 국민의 민주역량에 달렸다. 윤석열 정권의 이런 비열한 직무유기를 규탄하면서 윤석열 정권으로 하여금 '이재명 구하기'에 나서지 못하게 한다면 그 결과가 달라질 수 있겠기에 말이다. 국민이 깨어나야 나라의 기강을 바로잡을 수 있을 텐데 지금의 국민수준으로 이것이 가능할까? 특히 윤석열 대통령을 지지하는 보수 쪽 국민이 윤석열 정권의 이런 '이재명 구하기'를 규탄 비난할 수 있어야 하는데, 이것이 가능하겠는가

하는 것이다.

도대체 이재명(전 성남시장이자 경기도지사 및 민주당 대선후보, 그리고 현 민주당 대표)을 공직선거법상의 허위사실공표죄 기소한다는 것이 말이 되는가? '김문기 씨를 몰랐다'든가 '국토부의 협박이 있었다'고 하는 거짓말은 이재명 씨가 안고 있는 여러 중대 범죄사실을 확인하는 하나의 증거가 될 뿐 공직선거법상의 허위사실 공표죄 정도로 기소할 사안이 전혀 아니기 때문이다. 범죄의 본체를 수사해서 기소해야 한다는 것이다.

'이재명 구하기'에 나선 윤석열 정권 검찰의 기발한 착상이 놀라울 뿐이다. 이재명을 '사법처리'하는 것 같으면서도 사실은 이재명 씨에 대한 '사법처리'를 면제해주고 있어서 말이다.

대장동, 백현동, 성남FC사건 등에 대한 수사가 계속된다고 하지만 이번에 선거법 위반으로 기소하면서 온갖 '요란'을 떠는 것으로 보아 과연 수사가 제대로 이뤄질지 의문이다. 선거법 위반 기소가 엄청난(!) 것이란다. 100만원 이상의 유죄가 나오면 다음 대선에 출마도 못하고 선거비용 434억7천만원을 물어내야 하며, 국회의원직도 박탈된다는 요란 말이다. 단언컨대 이 선거법' 사건은 언제 끝날지도, 또 안 끝날지도 모르지만 끝나보았자 1심에서 벌금 300만원, 2심에서 벌금 80만 원 정도에 끝날 가능성이 대단히 크다. 어쩌면 대법원에서 무죄가 될 가능성도 있다. 선거 때 한 '소극적 거짓말'은 유죄가 될 수 없다는 '대법원

판례'도 있으니 말이다.

선거 때 윤석열 후보를 지지한 국민들이 정신을 차려야 한다. 위의 기소를 '이재명 씨에 대한 사법처리'로 보거나, '이재명 구하기'에 나선 것을 보고서도 윤석열 정부를 무조건 지지하게 되면 위와 같은 결과에 도달할 수밖에 없어서 말이다!

3
이재명 봐주기를 계속하는 윤석열 정부의 검찰

검찰이 이재명 대표에 대한 구속영장을 신청했는데, 그 이유가 1년여 전에 밝혀진 것 이외에는 새로운 것이 하나도 없고, 그러한 배임행위를 한 이유를 '정치적 치적 쌓기'라고 했다.

1년여 전에 드러난 사실인데도 검찰이 그것을 입건하지 않았다는 것은 검찰의 입장에서 볼 때 그것이 범죄로 볼 수 없었기 때문이 아닐 수 없고, 이재명 대표의 여러 행위가 '정치적 치적 쌓기'였다면 그것은 옳은 일이 아닐 수는 있지만 범죄로 규정해서 처벌하기는 어렵다. 더욱이 '정치적 치적을 쌓기 위해 그러한 일을 했다는 것은 개인적 이익을 위해 그러한 일을 하지 않았다는 것을 말해준다. 그래서 구속영장 청구 이유에 천화동인 1호를 통해 이재명 당시 시장이 받기로 한 것으로 보이는 428억원은 빠져 있다. 이것이 이재명 시장이 김만배 일당에게 수천억원의 특혜를 안겨준 주된 이유일 텐데도 말이다. 어떻게 이재명을 봐주기 위한 것으로 보지 않을 수 있겠는가?

이래서야 이재명을 변호해주기 위한 구속영장 청구 이유이지 이재명을 구속해서 처벌받게 하기 위한 구속영장 청구로 볼 수 있겠는가?

결국 검찰이 구속영장을 청구하는 것은 국민들에게 이재명 사건을 그냥 넘기는 것은 아니라는 것을 보여주려는 것일 뿐이다.

국민들 때문에 이 나마의 수사라도 진행하고 있으니 앞으로도 국민이 나서서 이재명을 사법처리하도록 해야 하겠다.

그런데 이재명의 배임행위는 '정치적 치적 쌓기'일 수가 없다. 진정으로 '정치적 치적 쌓기'를 위해서라면 김문기 개발1처장이 초과이익 환수조항을 계약서에 넣자고 건의했을 때 그 건의를 받아들여 초과이익 환수조항을 계약서에 넣었을 텐데, 고의적으로 그렇게 하지 않았으니 말이다. 그래서 김만배 일당에게 수천억원의 특혜를 누리게 한 것은 '정치적 치적 쌓기'를 위한 것이 아니고, 개인적 이익 곧 428억원을 얻기 위한 것임을 말해준다. 물론 이것만도 아니지만 말이다.

이재명 씨가 빠져나갈 명분을 만들어주는 검찰, 이런 검찰에 의해 '대장동 게이트'의 진실이 밝혀지겠는가?

결국 검찰은 이재명 씨를 구속해서 처벌받게 하려 했는데, 국회 곧 민주당이 체포동의안에 동의해 주지 않아 구속하지 못했다는 명분을 만들기 위해 구속영장을 청구했다고 보지 않을 수 없다. 이런 검찰 이대로 두어서 되겠는가?

검찰이 이런 식으로 이재명의 범죄사실을 제대로 밝히지 않고 변죽만 울리니 이재명 대표 지지들로서는 이재명 대표가 별로 잘못한 것이 없는데도 불구하고 윤석열 정권이 정치보복, 야당

탄압의 차원에서 이재명 대표를 압박하는 것으로 보아 반윤석열 정부 투쟁을 벌이게 된다. 윤석열 정부의 검찰이 국정혼란을 불러들이고 있고, 그 최대 피해자는 국민이기도 하지만 직접적으로는 윤석열 대통령이 된다는 것을 알고 있기는 한지?

요즘 검찰이 하는 짓들을 보면 가증스럽다. '50억 클럽' 수사회피에 대한 국민적 비난이 거세자 김만배 구속을 계기로 '50억 클럽'에 대한 수사가 이뤄질 것 같다는 말을 흘리고 있다. 지금까지 '50억 클럽'을 수사하지 않은 변명을 이런 식으로 하고 있다. 그러면 이번에 김만배 씨가 다시 구속되지 않았다면 '50억 클럽'에 대한 수사를 할 수 없단 말인가?

언론이 문제다. 검찰의 말도 안 되는 직무유기를 언론이 비난해야 할 텐데 거꾸로 검찰의 홍보대사 역할을 해주니 검찰의 직무유기가 계속되고 있어서 말이다.

결국 국민이 정신을 차려야 한다. 모든 문제의 최종적인 책임은 국민에게 있기 때문이다

4
반정부투쟁이나 부추길 뿐인 검찰의 이재명 수사

검찰이 지금에야 '대장동 게이트'와 관련 이재명 민주당 대표를 소환해서 조사한다고 한다. 그러면서 조사에 이틀은 걸릴 것이라며, '대장동 개발을 진행하며 지분 7%에 불과한 민간사업자들에게는 7886억원을 몰아주고 지분 50%를 가진 성남도시개발공사에는 확정 이익 1822억원만 배당함으로써 배임행위를 했다는 혐의와, 대장동 사업과정에서 민간사업자들에게 성남시 내부기밀을 미리 알려주거나 민간사업자들의 이익 극대화를 위한 요구를 반영해줌으로써 이해충돌방지법을 위반했다는 혐의, 그리고 대장동 민간사업자들에게 특혜를 주고 김만배 씨로부터 대장동 사업 수익 중 428억 원을 받기로 약속했다는 혐의 등에 대해 조사할 것이라고 한다.

그런데 검찰의 이러한 조사는 이재명 씨를 처벌하지 않는 방향으로 조사하기 위해 이재명 씨에게 온갖 변명거리를 제공함으로써 이재명 씨를 옹호하는 반정부투쟁을 격화시켜 나라를 혼란에 빠뜨리고 있는 바, 이렇게 보는 이유는 이렇다.

대장동 게이트가 터진 지 벌써 1년 4개월이 지났고, 지금 검찰이 조사할 것처럼 말하는 일들은 이미 오래전에 드러난 일들이다. 그런데도 지금까지 이들 혐의에 대해 조사를 하지 않았다는 것은 이 혐의들이 범죄가 되지 않는 것이라고 대중적으로 인식되게 하기에 충분했다. 이미 오래전에 드러났고, 또 이재명 씨에 대해 수사를 계속해오면서도 이에 대해 조사를 하겠다는 말조차 한 일이 없다가 지금에 와서 조사를 하겠다니, 이재명 씨를 지지하는 사람들의 입장에서는 이런 일들이 죄가 되지 않는데도 이재명 대표를 탄압하기 위해 조사를 하는 것으로 볼 수 있기 때문이다.

그러니까 사건이 드러난 즉시 검찰이 이재명 씨를 구속해서 처벌받게 할 수 있는 사건을, 그리고 이에 대해 그 누구도 이의를 제기할 수 없는 사건을 오랫동안 조사하지 않고 있다가 '대장동 게이트'를 아무런 조사 없이 그냥 넘길 수는 없어 마지못해 지금에 와서 조사를 하다 보니 '증거'를 찾는다며 복잡한 논리를 구사하게 되어 이재명 씨에게 변명거리를 주고 이재명 씨 지지자들로 하여금 이재명 씨에게 죄가 없는데도 이재명 씨를 탄압하기 위해 검찰이 조사를 하고 있다는 인식을 하게 한다는 것이다. 검찰의 직무유기가 반정부투쟁을 격화시키고 있는 것이다.

왜 이런 일이 벌어지는가? 근본적인 원인은 '대장동 게이트'에 전직 검찰 고위직이 너무 많이 그리고 깊이 관련되어 있기 때문이다. 우선 '50억 클럽'에 들어 있는 박수영 전 특검, 김수남 전 검찰총장, 최재경 전 대검찰청 중수부장, 곽상도 검사출신 전

의원 등과 권순일 전 대법관 등이 관련되어 있고, 수십명의 검찰 특수부 출신들이 이재명 씨와 관련되어 있는 기관이나 기업에 사외이사 또는 고문변호사를 맡고 있다. 수사가 제대로 이루어질 턱이 없다. 정권이 교체되었으니 새로 뽑힌 대통령이 과감히 나서야 하는데 그런 것 같지는 않아 보이니 수사가 제대로 이루어질 턱이 없다. 지지율이 크게 오르지 않는 주된 이유도 바로 이 때문인 것 같은데도 말이다.

앞으로 이재명 씨는 마침내 사법처리 되기는 하겠으나 간명한 이유를 비켜가면서 다툼의 여지가 있어 보이는 이유로 사법처리를 하게 되니, 이재명 씨를 지지하는 사람들로 하여금 반정부투쟁을 하게 해서 국민의 대립을 더 심화시키게 될 것 같다. 이 책임이 이재명 씨를 맹목적으로 지지하는 사람들에게도 있으나 대한민국 검찰에 더 큰 책임이 있음을 검찰이 알아야 하겠다.

그리고 이재명 씨는 결코 혼자 당할 사람이 아니어서 자기가 사법처리 될 때는 '대장동 게이트'에 관련된 온갖 사람들의 이름을 말할 텐데, 그때는 이 사건의 수사를 맡았던 검사들은 검찰을 떠나야 한다.

5
'대장동 게이트' 관련 사건 항소이유

* 필자는 2021년 9월 이른바 '대장동 게이트'가 터졌을 때 정치권에서는 맨 먼저 '대장동 게이트'의 몸통인 이재명을 구속수사할 것을 촉구하면서 이재명 같은 사람은 대통령이 되어서는 안 된다고 전국을 돌며 주장한 바 있다. 이것이 공직선거법 위반이라 하여 창원지방법원에서 벌금 3백만원 구형에 벌금 4백만원 선고, 서울지방법원에서 벌금 1000만원 구형에 벌금 700만원을 선고 받은 바 있다. 그래서 부산고등법원과 서울고등법원에 항소하였으나 모두 기각되어 벌금 400만원과 벌금 700만원이 확정되었다.

그런데 이 사건과 관련한 항소이유서를 이 책에 싣는 것은 이 항소이유서야말로 윤석열 정부의 검찰과 법원(사실은 윤석열 대통령)이 얼마나 '대장동 게이트'의 진상을 밝히는 것을 기피하는지를 보여주고 있기 때문이다. '도둑놈 잡으라고 외쳤더니 도둑놈은 안 잡고 도둑놈 잡으라고 외친 사람을 잡으니 더 말해서 무엇 하겠는가?'

다만 이 재판 이후 새로이 드러난 일들도 있어 그것을 보완해서 싣고자 한다.

부산고법과 서울고법에 제출한 항소이유서

사　건　2022노366 공직선거법 위반

피 고 인　장 기 표

원　심　창원지방법원 2022고합181(2022형 제10968)

이 사건은 사상최대의 불법배임특혜사건인 '대장동 게이트'와 관련하여 본인이 이 사건의 몸통인 이재명 씨를 구속 수사할 것을 촉구하면서 이재명 씨 같은 사람은 대통령이 되어서는 안 된다고 주장한 것이 공직선거법 위반이라는 이유로 벌금 400만원과 벌금 7백만원을 선고받은 사건인데, 이러한 판결은 국민의 기본권인 표현의 자유를 심대하게 침해한 판결인 데다 고위 공직자의 불법행위에 대한 국민의 비판과 책임자 처벌 요구를 봉쇄하는 판결이자 검찰의 중대한 직무유기를 옹호한 판결이기 때문에 승복할 수 없어 항소한 바, 그 이유는 다음가 같다.

1) 이 사건의 배경

이 사건은 2015년경부터 이재명 당시 성남시장이 자신이 설계하고 지시하며 감독했다는 성남 대장동 일대의 주택개발사업을 공영개발로 하면서 김만배, 남욱, 정영학 등 '김만배 일당'에게 무려 8천5백억 원이 넘는 특혜(배당금 4040억원 + 분양이익 4500억원)를 챙기게 함으로써 성남시민들에게 엄청난 손해를 입힌 사상 최대의 불법배임특혜사건과 관련하여 이 사건의 몸통이 이재명 당시 성남시장일 수밖에 없다는 것을 천하가 다 아는 일인데도 검찰이 이재명 당시 성남시장을 구속수사는커녕 소환조차 하지 않는 것을 보고서 이대로 두어서는 안 되겠다고 보아 특검을 도입해서라도 이 사건의 진상규명과 책임자 처벌을 해야 한다고 판단하여 국민을 상대로 천만인 서명운동을 전개하는 과정에서 일어난 일들을 공직선거법 위반이라 하여 기소한 사건이다.

무엇보다 이 사건이 드러난 지난해 9월 이후 여야 정치권은 말할 것도 없고 온 나라가 이 사건은 사상 최대의 불법배임특혜사건임을 확인하면서 이 사건을 철저히 수사해야 한다는 주장이 봇물을 이루었다. 그리고 이 불법배임특혜사건에 대해 당시 성남시장이었던 이재명 씨는 '이 사업은 자신이 설계하고 지시하고 감독한 사업'이라고 말했다. 이런 사람을 소환해서 조사하지 않는다는 것이 말이 되는가?

여기다가 김만배 씨는 재판과정에서 '자신들은 이재명 시장이 지시한 방침에 따른 것'이라고 말했다. 이처럼 사상최대의 불법배임특혜사건인 '대장동 게이트'의 주범은 이재명 당시 성남시장임이 너무나 명백한데도 검찰이 이재명 씨를 구속수사는커녕 소환조차 한번 하지 않는데, 국민이 이를 보고만 있어야 되겠는가? 구속수사를 촉구해야 하는 것은 물론 특별검사라도 임명해서 수사할 것을 촉구해야 마땅한 것 아닌가? 또 검찰의 이런 행태를 보면서 어떻게 검찰의 직무유기를 규탄하지 않을 수 있겠는가?

더욱이 지난 대선 시기에 윤석열 후보는 '대장동 게이트는 이재명 게이트'라면서 이재명을 구속수사 해야 한다는 주장을 여러 차례 한 일이 있고, 이재명 후보도 '대장동 게이트'는 '국민의힘 게이트'이자 '윤석열 게이트'라면서 특검을 하자고까지 주장했었다. 이뿐이 아니다. 작년 9월부터 지금까지 나라 전체가 떠들썩할 정도로 '대장동 게이트'가 문제시되고 있지 않은가! 이런 정도면 검찰이 진작 수사에 나섰어야 하는 것 아닌가?

여기다가 박수영 의원이 국회에서 '50억 클럽'이라고 하여 박영수 전 특검, 김수남 전 검찰총장, 최재경 전 대검 중앙수사부장, 곽상도 전 의원, 권순일 전 대법관, 홍 모 언론사 사장 등이 화천대유로부터 50억원씩을 받았음을 폭로한 일도 있고, 권순일 전 대법관의 경우 대법관으로 있을 때 김만배 씨의 로비를 받고 이재명 씨의 선거법 위반사건을 무죄로 해 주고서 퇴임 후 화천대유 고문변호사로 취업을 해서 매월 1500만원 씩 약 2억원의 돈을 받기도 했다. 박영수 전 특검 또한 화천대유의 고문변호사로 있으면서 매월 1500만원의 고문료를 받았다고 하고, 그의 딸을 화천대유에 취업을 시키는가 하면 대장동 아파트를 특혜분양 받은 것으로 드러나기도 했다. 여기다가 이재명 씨는 백현동 게이트, 성남FC 사건, 변호사비 대납사건, 법인카드 유용사건 등에 얽혀 부정부패의 원흉처럼 되어 있다.

엄청난 사건임이 너무나 명백하고, 그래서 1년이 지난 지금까지 '대장동 게이트'의 진상규명과 책임자 처벌을 요구하는 주장이 끊이지 않고 있다.

이런데도 이 주택개발사업을 '설계하고 지시하고 감독했다'고 스스로 밝힌 이재명 당시 성남시장을 소환조차 하지 않는 검찰을 그대로 두고 보아서야 하겠는가?

'대장동 게이트'의 경우 이재명 대표는 대장동 주택공영개발사업으로 5503억원을 벌어 성남시민의 몫이 되게 했다고 주장했으나, 이와 관련한 여러 배임 특혜와는 별개로 공영개발사업으로 이렇게 많은 돈을 번다는 것 자체가 공직자가 해서는 안 되는 짓인 줄을 이재명 대표는 모르고 있었다. 성남시가 이렇게 많은 돈을 벌 수 있었던 것은 기본적으로 시장의 인허가권을 활용한 것인데, 인허가권으로 이렇게 많은 돈을 벌면 안 된다. 인가와 허가의 조건이 충족되면 인가하거나 허가하는 것이 맞지 그것을 이용하여 돈을 요구하는 것은 옳지 않기 때문이다.

근본적으로 공공기관이 돈을 벌기 위해 공영개발을 해서는 안 된다. 주민의 복리를 위해 공영개발을 하는 것이다. 그래서 공영개발로 돈을 번 것을 자랑할 일이 아님은 물론이다.

도시개발법이 제정된 이후 근 20년간 전국에서 공영개발로 얻은 이익의 총액이 약 1700억 가까이 된다는데, 이것이 정상이다. 돈을 벌기 위해 공영개발을 한 것이 아니라 하다 보니까 일정한 액수의 돈이 남은 것일 뿐이다.

대장동 주택개발의 경우 이렇게나 많은 돈을 벌 수 있었던 것은 땅 평당 시세가 500만원 정도 되었을 때 공영개발을 이유로 300만원에 매입하고 그것을 분양할 때는 1600만원 내지 1900만원에 분양했다. 대장동 일대의 토지소유주들이 엄청난 손해를 본 것이다. 또 이 아파트를 분양 받은 사람들도 비싸게 아파트를 분양받을 수밖에 없었다. 주민들을 위한 공영개발이 주민들에게 엄청난 불이익을 안기는 공영개발이 된 것이다.

그런데 이것만도 아니다. 이재명 당시 성남시장이 설계하고 지시하고 감독했다는 대장동 사업에서 김만배, 남욱, 정영학 등이 2021년 현재까지 8500억원의 이익을 챙기도록 했다. 투자금에 비해 그들이 받은 배당금은 그저 놀라울 뿐이다.

필자가 2021년 10월 알아본 바로는 김만배 일당이 챙긴 이익은 이렇다. 천화동인 1호 김만배는 1억466만원 투자로 1208억원 배당, 천화동인 2호 김만배 부인은 1억원 이상 투자로 1500

억원 정도 배당 추측, 천화동인 3호 김만배 누나(김명옥)는 872만원 투자로 101억원 배당받아 목동 단독주택 2채와 윤석열의 아버지 집등 매입, 천화동인 4호 남욱은 8721만원 투자로 1007억원 배당, 천화동인 5호 정영학은 5581만원 투자로 644억원 배당, 천화동인 6호의 실소유주 조우형은 282억원 배당, 천화동인 7호 김만배의 언론사 동료 배 모는 1046만원 투자로 120억원 배당받았다고 한다. 2021년 이후에도 분양이익을 챙길 수 있었기 때문에 이들이 챙긴 이익은 이보다 훨씬 더 많을 것이다.

이재명 시장은 초과이익환수 조항을 약정서에 넣지 말라고까지 지시하면서 이들에게 이런 수천원의 이익을 챙기게 해 주었는데, 이것을 김만배 일당에게 준 '특혜'라고만 말할 수 있겠는가? 김만배와 공모해서 이렇게 했다고 보는 것이 상식 아니겠는가?

이런 터에 이재명 대표가 '나는 돈 한 푼 먹지 않았다'고 말하는 것을 믿을 수 있겠는가? 자기는 왜 돈 한 푼 먹지 않으면서 김만배 등에게 이렇게나 많은 이익을 안겼는가? 이런 사람이 대통령이 되면 되겠는가?

그런데 상식적으로 이재명 대표가 이 사건으로 엄청난 이익을 챙겼을 것 같은데도 왜 챙긴 돈이 드러나지 않았을까? 검찰이 이 부분을 조사하지 않았기 때문이다. 이런 사건이 터지면 무엇보다 자금의 행방을 추적해봐야 하는데 검찰은 이것을 하지 않았다. 심지어 은행감독원이 김만배 관련 자금의 행방을 추적한 바 김만배는 화천대유로부터 473억원을 빌렸다고 했으나, 이것은 횡령 및 배임 가능성이 있다고 보고 경찰에 통보한 바 있다. 그래서 경찰청에서는 이것을 김만배의 주소지가 있는 남대문 경찰서에 이첩했다는데, 지금까지 그것에 대해 아무 말이 없다. 검찰이든 경찰이든 '대장동 게이트' 관련 자금의 흐름을 조사할 생각이 없는 것이다. 이재명 관련 사건이기 때문이기도 하지만 윤석열, 박영수 등도 관련되어 있기 때문일 가능성이 대단히 크다.

이런 터에 국민이 가만히 있어서 되겠는가? 그래서 필자는 시민운동가들과 함께 '대장동 게이트 진상규명 범시민연대'를 조직하여 대장동 게이트의 진상규명과 책임자 처벌을 촉구하는 집회를 열었는데, 검찰이 이렇게 하지 않으니 전국을 돌며 '대장동 게이트'의 몸통 이재명을 구속수사할 것을 촉구한 것이다.

이것은 민주국가에서 국민의 당연한 권리 아닌가? 그리고 이런데도 검찰이 이재명을 구속수사 하지 않은 것은 검찰의 크나큰 직무유기 아닌가? 내가 잘못한 것인가? 아니면 검찰이 잘못한 것인가?

그런데도 검찰의 직무유기를 규탄했다 해서, 그리고 이재명 같은 사람은 대통령이 되어서는 안 된다고 주장했다 해서 나에게 벌금 400만원(부산고법)과 700만원(서울고법)을 선고한 것을 정당하다고 할 수 있는가?

더욱이 이 사건으로 유한기 전 성남도시개발공사 개발사업본부장, 김문기 성남도시개발공사 개발1처장, 이병철 이재명 변호하비 대납폭로 시민운동가, 법인카드 유용 배 모씨의 지인 김모, 이재명 경기도지사 초대 비서실장 전형수 씨등 5명이 목숨을 잃었다. 이 사건의 주범인 이재명 씨를 진작 소환해서 수사했더라면 이들이 죽음에 이르는 일은 없었을 것이 너무나 명백하다. 이런 점에서 이들 5명이 목숨을 잃은 것은 검찰의 직무유기 때문으로 보아 마땅하다.

그런데 이런 일도 있었다. 2021년 12월 10일 성남도시개발공사의 개발사업본부장이었던 유한기 씨가 극단적 선택을 해서 목숨을 잃었을 때, 이재명 씨는 이렇게 말했다. '몸통은 그대로 놔두고 자꾸 주변만 문제 삼다가 이런 참혹한 결과를 만들어내느냐'라고. 검찰을 질타하고 조롱한 것이다. 그러고는 '수천억원의 돈이 어디로 갔는지 왜 제대로 조사를 안 하느냐'고 호통을 쳤다. 검찰에 대한 이재명 씨의 질타와 조롱과 호통이 맞는 것 아닌가? 범죄 혐의자로부터 이렇게 질타당하고 조롱당하고 호통당하는 대한민국의 검찰! 부끄럽지도 않나? 이 정도 되면 검사직 그만두고 집으로 가야 하는 것 아닌가?

이처럼 직무유기로 5명이나 목숨을 잃고 범죄혐의자로부터 질타당하고 조롱당하고 호통당하는 대한민국의 검찰! 이대로 두어서 되겠는가? 국민으로서는 당연히 검찰의 이런 직무유기를 규탄하면서 특검을 도입해서라도 제대로 수사하라고 촉구해야 하는 것 아닌가? 그래서 수사를 촉구한 사건이 이 사건이다. 수사를 하지 않은 검찰이 잘못한 것인가? 수사를 촉구한 본인이 잘못한 것인가?

'백현동 게이트'도 마찬가지다. '백현동 게이트'란 2015년 이재명 당시 성남시장이 자연녹지로 있어 주택건설이 불가능했던 한국식품연구원의 부지를 4단계 용도상향을 해주어 아파트를 짓게 해준 것으로 시행사로 하여금 무려 3000억 원의 폭리를 취할 수 있도록 해 준 사건이다.

이 사업 시행사인 아시아 디벨로퍼는 오랫동안 사업허가를 받으려 했으나 이재명 시장이 이를 허가하지 않아 아파트를 건설하지 못하다가 이재명 시장의 선거대책본부장이었던 김인섭 씨를 영입한 후 사업허가를 받아 아파트를 건설할 수 있었고, 그래서 약 3000억원의 수익을 올렸다. 김인섭 씨는 이렇게 해 준 대가로 정바울 디벨로퍼 회장으로부터 77억원을 수수하고 5억원 상당의 함바식당 사업권을 받은 혐의로 기소되어 1심에서 징역 5년에 63억원의 추징금을 선고받은 바 있다.

이재명 대표의 선거본부장을 맡았던 사람이 이재명 시장에게 로비해서 이 사업이 성사되도록 하여 3000억원의 수익을 올리게 해주어 김인섭 씨가 77억원과 5억원 상당의 식당사업권을 받았는데, 김인섭 씨로부터든 디벨로프 쪽으로부터든 이재명 시장은 한 푼도 받지 않았을까? 이재명 씨가 이 사업에서 거액의 부당한 이익을 챙겼을 것으로 보는 것이 상식 아닌가? 만약 그렇지 않다면 김인섭 씨를 영입하기 전에 이미 사업허가를 했을 것이니 말이다.

감사원은 이 사업과 관련하여 성남시민들의 공익감사청구를 받아들여 감사한 결과 백현동 개발사업부지의 용도를 4단계 상향한 것은 부당하다는 결론을 내리고, 이 사업은 성남시가 개발업자에게 최소 수백억원의 특혜를 안겨준 사건이라고 지적했다. 이재명 당시 성남시장이 배임을 했다는 것이다.

이재명 씨는 이 사건과 관련하여 '국토부가 용도변경을 안 해주면 직무유기로 문제 삼겠다고 협박'해서 그렇게 해주었다고 말했다. 그러나 국토부는 그런 사실이 없다고 밝혔고, 국토부가 협박했다는 아무런 증거가 없었다. 결국 이재명 씨는 자신이 4단계 용도 상향을 해준 것은 불법이기 때문에 이에서 벗어나기 위해서 국토부 협박 때문이었다고 거짓말을 한 것이다.

그런데도 검찰은 주택건설사업을 허가할 수 없음에도 불구하고 허가를 해준 불법행위에 대해서는 수사를 하지 않고 있다가 2022년 9월 들어 국토부의 협박이 있었다고 한 것은 거짓말이라며 공직선거법상의 허위사실공표 혐의로 이재명 씨를 기소했다. 이와 더불어 김문기 성남도시개발공사 개발1처장을 이재명 씨가 모른다고 한 것 역시 거짓말이라며 공직선거법상의 허위사실공표 혐의로 이재명 씨를 기소했다.

'대장동 게이트'와 '백현동 게이트'의 본체는 전혀 문제 삼지 않고 있다가 느닷없이 국토부의 협박이 있었다고 말한 것과 김문기 씨를 모른다고 말한 것은 허위사실 공표라 하여 공직선거법 위반으로 기소를 하니, 이것은 본체는 그대로 두고 곁가지를 두고 문제 삼는 꼴이다. 그래서 이재명 씨가 이 기소를 보고 이런 말을 한 일이 있다. '윤석열 정권이 아주 오랜 기간 경찰, 검찰을 총동원해 이렇게 먼지떨이 하듯이 털다가 안 되니까 결국 말꼬투리 하나 잡고 물고 늘어진 것'이라고 말이다. 어처구니없는 말이지만 이재명 대표 지지자들로서는 이재명 대표가 죄가 별로 없는데 억지로 이재명 대표를 탄압하기 위해서 기소하는 것이 아닐까 하고 생각할 수 있게 되었다. 그래서 반정부투쟁을 하고 있기도 하다.

이재명의 범죄사실을 제대로 수사하지 않는 검찰의 직무유기가 나라를 얼마나 혼란스럽게 하는지를 알 수 있다.

2) 1심 판결에 승복할 수 없어 항소한 이유

첫째, 이재명 씨의 아들이 천화동인 1호의 직원이라고 말한 것과 안태준 씨가 화천대유의 등기이사라고 말한 것이 명예훼손

에 해당하는지, 그리고 공직선거법을 위반한 것인지의 문제

이재명 씨의 아들이 천화동인 1호의 아들이라는 것이 허위의 사실이라고 생각하거나, 경기주택공사 부사장 안태준 씨가 화천대유의 등기이사라는 것도 허위의 사실이라고 생각한 일이 없다.

성남에 사는 믿을 만한 시민운동가가 '이재명의 아들이 천화동인 1호에 근무한다고 한다'고 말한 데다 언젠가(상당한 기간 전에) 이 사건과 상관없이 이재명 씨가 자기 아들은 직원이 6명인 작은 회사에 근무한다고 말한 일이 있는 터에 천화동인 1호의 직원 또한 6명이라고 해서 '이재명의 아들이 천화동인 1호에 근무하는 것이 맞구나'라고 생각해서 그렇게 말한 것이다.

그리고 이재명의 아들이 천화동인 1호의 직원이라고 한 것은 '대장동 게이트'가 이재명과 관련되어 있음(천화동인 1호는 화천대유의 자회사로 대장동 게이트의 수익을 빼가기 위해 자려진 회사임)을 말하기 위한 것이지, 이재명 씨 아들의 명예를 훼손하거나 이재명을 낙선시키기 위한 것이 전혀 아니다. 본인이 이재명 씨 아들의 명예를 훼손할 이유도 없고 또 본인의 그러한 말로 이재명 씨 아들의 명예가 훼손된 일도 없으리라고 본다.

경기주택공사 부사장 안태준 씨의 경우도 성남에 사는 믿을 만한 시민운동가로부터 '이재명 경기도지사가 임명한 경기주택공사 부사장 안태준 씨가 화천대유의 등기이사라고 한다'고 말

해서 그 말을 믿고서 역시 이재명 씨가 '대장동 게이트'와 깊이 관련되어 있음을 말하기 위해서 그 말을 한 것이지 안태준 씨의 명예를 훼손하거나 이재명 씨를 낙선시키기 위해서 그러한 말을 한 것이 전혀 아니다.

본인은 사상 최대의 불법배임특혜사건이라는 '대장동 게이트'와 관련하여 당시 성남시장이었던 이재명 씨의 배임행위에 대한 책임을 물어야 하고, 이를 위해서는 그를 소환해서 구속수사 해야 한다는 것을 주장하기 위해서 그러한 말을 했을 뿐 선거에서 누구를 당선시키거나 낙선시키기 위해서 그러한 말을 한 것이 전혀 아니다. 선거가 없더라도 본인은 그러한 말을 했을 것이고, 실제로 선거가 끝난 이후에도 그러한 주장을 하고 있다.

더욱이 형법상 명예훼손죄의 경우 '반의사 불벌죄'로 피해자가 원치 않으면 처벌할 수 없다고 한다. 이재명 씨 아들의 경우, 지난해 가을 본인이 위와 같은 말을 했을 때, 이재명 당시 경기도지사가 '장기표 씨가 우리 아들이 천화동인 1호의 직원이라고 말한 것은 사실이 아니다. 명예훼손으로 고발하는 것이 마땅하나 장기표 씨가 우리나라의 민주화에 기여한 공을 생각해서 고발하지 않겠다'는 취지로 말할 일이 있고, 그 후 별도로 이재명 씨 아들이나 이재명 씨가 본인을 명예훼손 혐의로 고발한 일은 없는 줄로 안다.

안태준 씨의 경우 경찰에서 수사를 받을 때 안태준 씨가 화천대유의 등기이사가 아님을 알고서 그에게 사과의 뜻을 표명한 바 있다.

그런데 이 사건은 개인의 명예와 관련된 일이 전혀 아니다. 본인이 이재명 씨의 아들이 천화동인 1호의 직원이라고 말한 것이나 안태준 씨가 화천대유의 등기이사라고 말한 것도 개인의 명예와는 아무런 관련이 없고 '대장동 게이트'와 관련한 진상규명 및 책임자 처벌과 관련된 문제일 뿐이다. 그런데도 본인의 위 발언을 두고 명예훼손으로 문제 삼는 것은 '대장동 게이트'의 몸통이 이재명 씨라고 말한 데 대한 정치적 탄압으로 보지 않을 수 없다. 그래서 1심 판결은 잘못이라고 본다.

둘째, 이 사건과 관련한 일체의 본인의 행위는 선거와 무관하기 때문에 누구를 당선시키거나 낙선시키기 위한 것이 전혀 아니다. 선거와 관련된 일이라면 선거 전이나 선거 후에는 그러한 집회와 연설을 하지 않았을 텐데, 선거가 있기 전에도 그러한 활동을 했고 선거가 끝나고서도 그러한 활동을 하고 있다.

이재명 씨 같은 사람은 대통령이 되어서는 안 된다고 주장한 것을 두고 이재명 씨를 낙선시키기 위해서 그러한 주장을 한 것으로 간주한 것 같은데, 마침 그가 대통령선거에 출마해서 자기가 대통령이 되어야 한다고 주장하고 있어서 일반론으로 그러한 말을 했을 뿐 그가 대통령이 되는 것을 막기 위해서 그러한 말을 한 것은 아니었다. 결과적으로 이재명 씨가 대통령이 되는 데 방해가 되었다고 하더라도 그것 때문에 본인이 이재명 씨를 낙선시키기 위해 그러한 집회와 연설을 한 것으로 보아서는 안 될 것이다. 백보를 양보하여 그것이 선거의 당락에 영향을 미친다 하더라도 정당인인 본인이 그런 발언을 한 것은 정당의 일상적 활동으로 보아 유죄가 될 수 없다고 본다. 굳이 그런 식으로 따지면 국민이 하는 거의 모든 정치적 발언은 선거에 영향을 미칠 수 있어 처벌의 대상이 될 것이어서도 부당하다.

우리가 '대장동 게이트'의 몸통인 이재명 씨를 구속수사 할 것을 촉구하는데도 검찰이 그렇게 하지 않으니 특검을 도입해서라도 그를 구속 수사할 수 있도록 서명운동에 참여해달라고 호소했을 뿐이다.

만약 그가 대통령이 되는 것을 막는 일을 하고자 했다면 연설의 내용이나 형식이 이 사건에서 적시되어 있는 내용이나 형식과는 전혀 달랐을 것이다. 구속수사의 당위성보다 그가 대통령이 되면 안 되는 이유를 말하는 데 주력했을 텐데, 전혀 그렇게 하지 않았다. 오직 대장동 게이트의 몸통은 이재명이라는 것, 그래서 그를 구속수사 해야 한다는 것을 강조하면서 이를 위한 천만인 서명운동에 많이 참여해달라고 요청했을 뿐이다.

둘째, 배임의 액수가 1조원이 넘는 사상 최대의 불법배임특혜

사건이 터졌고, 이 사건의 주범이 당시 성남시장이었던 이재명 씨임이 너무도 분명했다. 이런 상황에서 그런 사람이 대통령 후보가 되어 전국을 돌며 자신이 대통령이 되어야 한다고 떠들고 다니는데 '저런 사람은 대통령이 되어서는 안 된다'고 말하는 것이 처벌의 대상이 된다면 이런 나라를 민주주의 국가라고 말할 수 있겠는가? 당연히 그러한 말을 할 수 있어야 한다.

셋째, 공직선거법 제58조 제1항의 단서조항에 '선거에 관한 단순한 의견개진 및 의사표시'에 해당하는 것은 선거운동에 해당되지 않는다고 규정하고 있는데, 이 단서조항에 비추어보더라도 본인의 위와 같은 발언은 선거운동에 해당하지 않기 때문에 공직선거법을 위반했다는 1심 판결은 잘못이라고 본다. 이재명 씨를 당선되게 하거나 낙선되게 할 목적의식이 없이 단순히 지난 대선 국면에서 이재명 씨에 대한 나의 의견을 표시했을 뿐이기 때문이다.

넷째, 또 공직선거법 제58조 제1항의 단서조항 제4호에 비추어보더라도 본인의 행위를 공직선거법에 위반하는 선거운동으로 본 것은 잘못이다.

이 단서조항 제4호에 의하면 '통상적인 정당활동'은 선거운동에 해당되지 않는다고 규정하고 있는데, 본인은 정치인인 데다 통상적인 정당활동의 차원에서 위와 같은 활동을 했기 때문에 공직선거법에 위반되는 선거운동을 했다고 보아서는 안 될 것이다.

다섯째, 공직선거법 제58조의 제2항에는 '누구든지 자유롭게 선거운동을 할 수 있다. 그러나 이 법 또는 다른 법률의 규정에 의하여 금지 또는 제한되는 경우에는 그러하지 아니하다'고 규정하고 있는데, 이것은 특별히 법률에 위반되는 행위가 아닌 한 자유롭게 선거운동을 할 수 있도록 하고 있음을 의미한다. 너무나 당연한 규정이다. 선거란 민주국가에서 주권자인 국민이 국민의 대표를 뽑는 일이기 때문에 선거운동을 자유롭게 하게 해서 국민의 대표를 잘 뽑도록 하자는 취지일 것이기 때문이다. 이 조항에 비추어보더라도 본인의 행위는 민주국가에서 국민이 당연히 할 수 있고 또 해야 하는 일을 한 것이기 때문에 공직선거법을 위반한 행위로 보지 않아야 할 것이다.

여섯째, 본인의 위와 같은 행위는 헌법 제12조가 보장하고 있는 언론 출판의 자유 집회 결사의 자유 곧 표현의 자유에 해당하는 행위이기 때문에 처벌의 대상으로 삼아서는 안 될 것이다. 국가안전보장, 질서유지 또는 공공복리를 위하여 제한하는 경우에도 '권리의 본질적인 내용을 침해할 수 없다'고 규정하고 있는 바, 본인의 위와 같은 행위를 공직선거법 위반으로 처벌한다면 이것은 표현의 자유라는 국민기본권의 본질적인 내용을 침해하는 것이기 때문에 처벌의 대상이 되어서는 안 된다.

더욱이 표현의 자유는 민주국가에서 다른 기본권에 우선하는 우월적 지위(preferred position)를 가지기 때문에도 표현 행위가 타인의 권리를 직접적으로 침해하는 경우가 아니라면 처벌의 대상이 될 수 없는 줄로 안다. 그래서 본인의 위와 같은 행위를 공직선거법 위반으로 처벌하는 것은 옳지 않다고 본다.

일곱째, '선거운동을 위하여 확성장치를 사용했다'고 하면서 이것을 유죄의 증거로 삼았는데, 이것은 엄청난 착각이다. 우리가 확성장치를 설치한 것은 선거운동을 위한 것이 아니라 대장동 특검 촉구 천만인 서명본부 지역본부 및 지역본부 발대식을 위한 것이기 때문이다.

확성장치의 경우 경찰에서 집회 신고를 할 때 확성장치의 사용을 신고해서 허가를 받았는데, 선거를 앞두고 확성장치의 사용을 신고했는데도 이를 허용했다는 것은 선거운동시기에도 확성장치를 사용할 수 있다고 보아 허가한 것이겠기에 더욱더 확성장치를 사용했다고 해서 유죄로 하는 것은 옳지 못하다고 본다.

여덟째, 형법 제20조(정당행위)는 '법령에 의한 행위 또는 업무로 인한 행위 기타 사회상규에 위배되지 아니하는 행위는 벌하지 아니한다'고 규정하고 있는데, 이것은 다른 형사법규에 우선하는 형사법의 중요한 원칙으로 보아 마땅하다. 이런 터에 본인 등의 행위는 '집회 및 시위에 관한 법률'에 의한 행위로 이 법률을 위반한 일이 없이 집회를 했다. 따라서 집회 및 시위에 관한 법률에 따라 적법하게 이루어진 행위를 공직선거법에 따라 처벌하는 것은 형법 제20조를 정면으로 위반한 판결이 아닐 수 없다.

굳이 덧붙이자면 본인 등의 행위는 정치활동 내지 시민운동을 하는 사람으로서의 당연한 '업무로 인한 행위'로 보아 마땅하기 때문에도 처벌의 대상이 되어서는 안 될 것이다. 또 본인 등의 행위는 '사회상규에 위배되지 아니하는 행위'이기 때문에도 처벌의 대상이 되어서는 안 될 것이다. 사회상규에 위배되지 아니하는 행위는 처벌할 수 없게 해둔 형법규정은 대단히 중요한 규정임을 강조해두고자 한다. 국민 일반의 건전한 윤리감정으로 판단할 때 정상적인 행위라고 할 수 있는 행위 곧 사회상규에 위배되지 아니하는 행위를 처벌의 대상으로 삼는다면 엄청난 법적 혼란을 불러올 것이기 때문이다.

앞에서 밝힌 바와 같이 사상최대의 불법배임특혜사건의 주범으로 볼 수밖에 없는 사람이 대통령이 되겠다고 설치고 돌아다니는 상황에서 그런 사람은 대통령이 되어서는 안 된다고 주장하는 것은 너무나 당연한 일이다. 이런 주장을 하지 않는다면 그것이야말로 상식을 벗어난 잘못일 것이니 말이다.

끝으로 앞에서 지적한 대로 사상 최대의 불법배임특혜 사건이 발생했고, 이 사건의 주범은 당시 성남시장이었던 이재명 씨임이 너무나 명백한데도 검찰이 이재명 씨를 소환조차 하지 않는 상황에서 이재명 씨는 대통령이 되겠다고 전국을 돌며 국민의 지지를 호소하고 있는 터에 이재명 씨 같은 사람은 대통령이 되어서는 안 된다고 말했다 하여 이를 처벌한다면, 이런 나라를 민주국가라고 할 수 있겠는가? 그리고 본인만 이런 말을 한 것이 아니고 수많은 국민이 다양한 방법으로 이런 말을 했는데도 굳이 본인의 경우에만 공직선거법 위반으로 유죄판결을 한 것은 우리 사회에 만연한 정치적 편 가르기에 따른 판결이 아닐까 하는 의심마저 든다. 정상적인 판결이라면 도저히 유죄판결을 할 수 없는 사건이겠기 때문이다. 혹 이 불법배임특혜 사건을 정치권에서 가장 먼저 폭로한 사람이 본인이라는 이유로 유죄판결을 한 것이 아닐까 하는 의심도 드는데 부디 이렇지는 않았기를 바란다.

이상과 같은 이유로 항소하오니 항소심 재판부는 법과 양심에 따라 공정하게 판결하기 바랍니다.

6
윤석열 대통령은 왜 이재명 대표를 구속하지 못할까?

1) 이재명 대표 구속문제에 대한 다양한 견해들

이재명 대표는 이른바 '대장동게이트', 백현동 개발특혜, 성남FC뇌물사건, 쌍방울 대북송금사건 등 중대범죄혐의를 받고 있어 구속되어야 한다는 것이 상식이다. 물론 그의 지지자들은 이재명 사건을 윤석열 대통령의 야당탄압 내지 정치보복으로 보아 '윤석열 탄핵'까지 주장한다. 그러나 민주당 안에서조차 이재명은 사법리스크 때문에 당 대표가 되어서는 안 된다는 주장이 강하게 제기된 일이 있는가 하면, 지난해 10월에 있은 체포동의안 표결에 민주당 의원 가운데 30여 명이 동의한 일이 있은 것을 보면 이재명은 중대한 범죄혐의를 안고 있는 것이 사실이고, 그래서 구속되어 마땅하다. 오히려 저런 사람을 구속하지 않거나 구속하지 못하는 윤석열 대통령과 윤석열 정부의 검찰종장 이원석이 더 큰 문제다. 이재명 대표가 구속되어야 하는 것은 더 설명할 필요조차 없다.

그런데도 왜 구속되지 않을까? 구속될 만한 결정적인 증거가 나오지 못한 때문으로 보는 견해도 있고, 윤석열 정부는 이재명을 구속하려 했는데 민주당의 방탄국회와 구속영장을 발부하지 않은 판사(구속영장청구를 기각한 유창훈 부장판사) 때문으로 보는 사람들도 있다. 심지어 윤석열 대통령 입장에서는 이재명 같은 범법자가 야당 대표를 맡고 있는 것이 정권유지에 도움이 되기 때문에 구속하지 않는 것으로 보는 견해도 있다. 이렇게 보아서는 안 되는데도 말이다.

그런데 보수진영 인사들 가운데는 얼마 전까지는 윤석열이 이재명을 반드시 구속하리라고 본 사람들이 많았다. 윤석열은 이재명을 구속하지 못할 이유가 있음을 몰랐던 것이다. 그러나 요즘 들어 설사 그 이유가 무엇인지는 몰라도 윤석열이 이재명을 구속할 의사가 없기 때문에 이재명을 구속하지 않은 것으로 보아 이에 대해 강한 불만을 갖고 있는 사람들도 많다.

그런데 필자가 보기에는 윤석열 대통령은 이재명 대표를 구속하기 어려운 이유가 있어 구속하지 않는 것으로 보는데, 그 이유는 뒤에서 밝히고자 한다.

2) 이재명이 구속되지 않음으로써 생기는 폐해

이재명이 안고 있는 7개 사건, 11개 혐의의 형량을 다 합하면 적어도 징역 30년은 될 만한 엄청난 죄를 짓고 있는데도 구속하지 않고 있으니 이에 따른 폐해가 엄청나다. 그 몇 가지를 지적한다.

첫째, 법치주의가 완전히 붕괴되었다.

대한민국의 법치주의가 이렇게나 붕괴된 때는 없었다. 군사독재시절에도 이렇지는 않았다. 물론 이재명을 구속하지 않은 때문만은 아니지만 이재명을 구속하지 않으니 다른 사건들에 대해서도 법치주의가 제대로 관철되지 못한 때문이다.

법치주의는 민주주의의 핵심적 요소이다. 왕치 곧 왕의 뜻대로 통치하던 것을 국민 곧 민의 뜻대로 통치하는 것이 민주주의이니 말이다. 그러니 법치주의가 완전히 붕괴되었다는 것은 민주주의가 완전히 붕괴되었다는 말이고 민주국가가 아니라는 말이다. 민주국가가 아니면 전제국가냐 하면 그것도 아니다. 나라의 기강이 완전히 무너져 난장판이 되었다.

법치주의 붕괴는 수사나 재판 등 법률 관련 문제에서만 그 폐해가 드러나는 것이 아니다. 윤리와 도덕마저 붕괴되게 하여 나라의 기강을 완전히 무너지게 한다. 지금 대한민국이 나라인가? 정치권만 문제가 아니다. 검찰과 법원을 비롯한 사법기관도 문제고, 행정부는 완전히 대통령의 시녀가 되어 자신들이 해야 하는 일이 무엇인지, 심지어 자기들에게 부여된 '권한'이 무엇인지조차 모른다. 오직 대통령과 대통령실의 눈치만 보고 있다. 국가의 중요정책을 어떻게 대통령실의 비서들이 발표하는가? 당연히 해당부처의 장관 내지 차관이 발표해야 한다.

그리고 국민도 문제다. 확증편향에 사로잡힌 국민이 너무 많다. 애국심이 강한 사람들이 더 확증편향에 사로잡히는 경향이 더 많은데, 확증편향에 사로잡히면 나라를 위해서 도움이 되는 것이 아니라 나라의 정상화에 결정적인 방해가 된다. 우파에만 확증편향이 있는 것이 아니다. 좌파에도 있다. 이들은 자기들의 주장이 옳다고 확신한다. 자기와 정치적 견해가 다른 사람의 말은 들어보려고도 않는다. 결국 바보가 되는 것이다.

〈법치주의가 붕괴되고 나라의 기강이 무너지게 한 윤석열 대통령〉

나라의 기강이 이렇게 무너진 것을 두고 이른바 보수우파는 이재명 탓만 하고, 이른 바 진보좌파는 윤석열 탓만 하는데, 가장 중요한 책임은 윤석열 대통령에게 있다. 현재의 집권세력이라는 점에서도 그렇지만, 진작 구속해서 처벌했어야 할 이재명과 조국, 나아가 문재인을 어떤 이유로든 방치함으로써 법치주의가 완전히 붕괴되게 한 때문이다.

법치주의 붕괴의 몇 가지 예를 든다.

우선 사상 최대의 불법배임특혜사건인 '대장동 게이트'의 경우, 이 사건으로 구속되어 있는 사람이 한 명도 없다. 이 사건의 핵심관계자인 김만배와 이재명, 박영수, 남욱, 정영학 등, 이 가운데 한 명도 구속되어 있는 사람이 없다. 김만배가 석방되어 있는 것도 문제지만 박영수의 경우 '대장동 게이트'의 중심인물인데다 '50억 클럽'에도 포함되어 있고 또 그의 딸이 화천대유로부터 11억원을 받은(빌렸다고 하나 받은 것이 맞음) 일도 있어 당연히 구속되어야 할 사람인데도 지난해 면피용으로 5개월 동안 구속되었다가 보석으로 석방되었다.

이재명 대표의 경우 이미 '대장동 게이트'로 김만배 일당에게 2조원이 넘는 특혜를 안겨주었거니와 이 과정에서 성남시에 수천억원의 손해를 입히는 배임이 드러난 데다 백현동 개발사업에서 4단계의 형질변경을 해주어 아파트를 건설할 수 있게 해주었으니 이에 대한 책임을 물어 구속해서 처벌하는 것이 마땅하다. 그리고 백보를 양보하여 그가 이들 사업에서 돈을 한 푼도 먹지 않았다 하더라도 그가 주도한 사업에서 김만배 일당에게 부당한 이익을 안겨주었으니, 이에 대한 책임을 물어서라도 구속해서 처벌하는 것이 마땅하다.

이것만도 아니다. 김문기 씨를 모른다고 한 것이나 국토부의 압력으로 백현동 사업허가를 내주었다는 등의 허위사실공표사건, 성남FC사건, 법인카드유용사건, 쌍방울 대북송금사건 등 7개 사건에 11개 혐의로 재판을 받고 있다. 도대체 이런 사람이 구속되지 않고 야당 대표를 하며 활보하니 이게 나라인가? 법치주의의 완전한 붕괴를 상징하는 것이 아닐 수 없다.

'대장동 게이트'와 관련된 '50억 클럽'의 경우 박영수, 곽상도는 수억원의 돈을 받은 것이 확인되었고, 권순일 또한 퇴임 후 변호사 수임료로 수억원을 받은 것이 확인되었다. 이처럼 이미 돈을 받은 사람이 있고 또 돈을 받은 것이 확인되지는 않았지만 김수남 전 검찰총장, 최재경 전 대검 중수부장도 돈을 받을 만한 위치에 있었는데도 곽상도와 박영수를 잠시 구속했다가 석방한 일이 있을 뿐 제대로 된 수사조차 하지 않고 있다.

심지어 '50억 클럽'에 대한 특검을 지난 대선 시기에는 국민의힘 쪽에서 하자고 주장하다가 선거 후에는 국민의힘은 반대하는 가운데 민주당이 특검도입을 결의했는데, 윤석열 대통령이 거부권을 행사해서 재의에 부쳤으나 부결되고 말았다. 그래서 제22대 국회 들어와서도 논란이 되고 있다.

이재명 대표의 경우 백 보를 양보하여 돈을 한 푼도 안 받았다 하더라도 김만배 일당에게 8천여억원의 부당한 특혜를 안겨주었는데, 이런 부당한 특혜를 안겨준 사람을 구속하지 않아도 되는가? 백현동 개발 특혜의 경우 이재명의 선거본부장을 지냈던 김인섭 씨의 청탁으로 4단계의 형질변경을 해주어 아파트를 짓게 해준 바, 이 과정에서 김인섭 씨가 77억원과 5억원 상당의 함바식당 사업권을 받은 것이 드러나 징역 5년에 추징금 63억여원을 선고받았다. 이재명 당시 성남시장이 이 사건에 개입되었음이 너무나 명백한데도 기소는 했지만 구속은 하지 않았다.

쌍방울 대북송금 사건의 경우 이 사건은 드러나자마자 이재명을 구속해서 수사해야 할 사안이다. 스마트 팜 운운하지만 사실은 이재명의 방북을 위해 몰래 북한에 8백만 달러를 보낸 사건이 드러났으니, 이재명을 구속할 의사가 이 정권에 조금이라도 있었더라면 즉각 구속해서 수사했을 것이다. 이런 사건을 보고도 이재명을 구속하지 않은 것을 보면 이 정권에는 이재명을 구속할 의사가 없음을 말해준다.

법치주의의 붕괴에 대해 가장 큰 책임은 윤석열 대통령에게 있다. 심지어 그를 대통령으로 뽑아서 정권교체를 한 것은 문재인과 이재명을 구속해서 처벌받도록 할 걸 바란 때문이었는데도, 윤 대통령이 그렇게 하지 않음으로써 두 사람 모두 활보하면서 온갖 파렴치한 짓을 다 하고 있으니 윤석열 대통령에 대한 지지율이 낮을 수밖에 없고, 이것은 결국 민주당의 선거승리로 나타났다.

〈한동훈 법무부장관에게도 법치주의 붕괴의 책임이 있다〉

그리고 선거 때 한동훈 비대위원장은 이재명과 조국을 겨냥해 '범죄자 연대'라고 비난했는데, '범죄자 연대'가 선거판을 주도할 수 있도록 이들을 구속하지 못한 책임이 어디에 있는가? 그가 속한 이 정부와 윤석열 대통령에게도 있지만, 한동훈 위원장에게도 중대한 책임이 있다. 그는 이 정부의 법무부장관으로서 이재명이나 조국을 사법처리해야 할 지위 곧 법무부장관직에 있었는데도 이 일을 할 의사조차 없었던 것으로 보이니 말이다. 한동훈 씨는 법무부장관 재직시 법무부장관에게 부여되어 있는 수사지휘권을 한번도 행사하지 않았다.

그래서 법무부장관으로서 그가 한 일이 무엇인지 묻고 싶다. 사실 법무부장관으로서의 그의 역할은 전무했다고 볼 수 있다. 오히려 법치확립이라는 법무부장관의 직무를 유기함으로써 오늘과 같은 난장판 나라, 난장판 정치를 만드는 데 크게 기여했을 뿐이다.

그러면서도 선거 때 이재명과 조국을 겨냥해 '범죄자 연대' 운운하며 지지를 호소했는데, 법무부장관을 하면서도 척결하지 못한 '범죄자 연대'를 국민의힘이 의석 몇 석을 더 갖는다고 해서 척결할 수 있겠는가? 그런 점에서 그의 '범죄자 연대' 주장이 득표로 연결되지 않은 것은 너무나 당연하다.

그런데 그런 그가 이번에 국민의힘 당 대표선거에 출마한다고 한다. '어대한' 곧 '어차피 대표는 한동훈'이란 말이 유행할 정도로 그의 대표 당선은 기정사실처럼 되고 있다.

그런데 그가 대표가 되면 국민의힘과 윤석열 정부의 성공에 도움이 될까? 필자가 보기에 그의 성격이나 능력으로 보아 그렇게 할 수 있는 인물이 못 되는 것 같다.

우선 그가 국민의힘 대표가 되면 국민의힘 나아가 윤석열 정부의 성공에 도움이 될까? 필자가 보기에 그의 성격과 능력이 그렇게 하는 데 미치지 못한다고 본다.

우선 그는 지난 4.10선거 때 국민의힘 비상대책위원장과 선거대책위원장, 심지어 인재영입위원장까지 맡아 선거를 지휘했으나 국민의힘의 승리를 이끌어내지 못했다. 그 책임의 대부분이 윤석열 대통령에게 있지만 한동훈 위원장에게도 상당한 책임이 있음을 부인할 수 없다. 무엇보다 그가 관장했던 국민의힘 공천이 전혀 감동적이지 못했는데, 그 책임은 전적으로 한동훈 위원장에게 있다. 국민의힘 구성원들로부터 미움을 살 일은 일체 하지 않으려고 물갈이에 소홀했다. 그러다 보니 엉뚱한 곳에 엉뚱한 사람을 공천하는 일도 많았다. 그리고 비례대표의원 후보는 전적으로 한동훈 위원장이 선정한 것 같은데, 여러 면에서 부족하기 이를 데 없었다. 심지어 한동훈이 사람으로 비례대표후보를 채웠다는 말이 있을 정도였다. 그는 '단 한 사람도 한동훈 사람을 공천한 일이 없다'고 부인했지만 말이다.

〈대통령과 가깝다는 장점을 활용 못하는 한동훈의 무능〉

그런데 한동훈 위원장의 진짜 무능은 윤석열 대통령과의 관계에서 드러난다. 김건희 여사 문제가 야당에 의해 제기되었을 때 곧바로 윤석열 대통령을 만났어야 한다. 찾아가서라도 만났어야 한다. 물론 김건희 여사도 만났어야 한다. 만나서 김건희 여사 문제를 해명하고 넘어가야 한다는 점을 설득했어야 한다. 그런데 그는 이렇게 하지 않고 언론에 대고 '국민의 눈높이' 운운하는 발언만 했다. 또 한동훈 위원장이 영입한 것으로 알려진 김경율 예비후보가 김건희 여사를 사치와 부패로 단두대에서 죽은

프랑스의 마리 앙뚜아네트와 비유했다. 자기 당 소속 대통령의 부인을 단두대에서 죽은 마리 앙투아네트에 비유하는 것은 대단히 부적절했는데도 말이다. 윤석열 대통령으로서는 화가 날만 했다. 그래서 이관섭 비서실장을 통해 한동훈 위원장더러 비대위원장직을 사퇴할 것을 요구했던 것 같다.

그런데 한동훈 위원장은 이 말을 들었을 때 곧바로 윤석열 대통령에게 전화해서 만나자고 하여 자기가 '국민 눈높이' 운운한 발언의 경위를 설명하고, 김경율 예비후보에 대해서는 적절한 조치를 취하겠다고 말했어야 한다. 그런데 이런 해명보다 더 중요한 것은 김건희 여사 문제를 그냥 덮고 넘어가려 해서는 안 된다는 것을 설득했어야 한다. 한동훈 위원장이 가진 유리한 점이 바로 그런 일을 할 수 있을 만큼 윤석열 대통령은 물론 김건희 여사와도 친한 사이라는 것 아닌가? 그래서 김건희 여사도 직접 만나서 설득했어야 한다. 설사 만나서 설득해도 받아들이지 않을 수 있다. 그러나 받아들이지 않더라도 만나서 설득했어야 불신이나 오해, 심지어 감정적 섭섭함이 생기지 않을 수 있기 때문이다.

그런데도 한동훈 위원장은 이렇게 하지 않고 언론을 향해 '비대위원장을 그만두라는 말이 있는데, 나의 임기는 선거가 끝나도 계속되는 줄로 알고 있다'고 말했다. 옳고 그르고를 떠나 한동훈 위원장이 그런 식으로 반응하면 윤석열 대통령으로서는 어떻게 화가 안 나겠는가? 만나서 의견이 다를 때는 의견차이 내지 의견대립이 되지만, 만나지 않은 상태에서 의견이 다를 때는 감정대립이 되기 쉽다. 의견대립은 해소되기가 쉽지만 감정대립은 해소되기가 어렵다.

한동훈 위원장이 윤석열 대통령과 가까운 사이라는 것은 한동훈 위원장이 가진 엄청난 장점이다. 가까운 사이라야 설득하기가 쉽기 때문이다. 그런데 한동훈 위원장은 이 장점을 전혀 활용하지 못하는 것 같고, 거꾸로 가까운 사람이 뒤통수치는 것으로 인식되어 사이가 더 나빠진 것이 아닐까 싶다. 한동훈 위원장의 성격과 능력이 그만큼 부족한 반증일 것이다. 더욱이 김건희 여사 문제나 채상병 특검 문제 같은 경우 한동훈 위원장 자신을 위해서 받아들이라는 것이 아니라 선거에 이기기 위해서, 그리고 윤 대통령 내외를 위해서임을 왜 설득하지 못하는가?

그러니까 대통령 내외와 아주 가까운 사이라는 최대의 장점을, 그래서 대통령 내외를 설득할 수 있는 최고의 무기를 오히려 대통령의 기분을 상하게 해서 더 설득되지 않도록 했으니, 한동훈 위원장의 성격과 능력의 한계를 알 수 있다.

앞으로 한동훈 위원장이 국민의힘 대표가 된다 한들 이러한 한계를 극복하지 못함으로써 윤석열 대통령이나 이 정부에 전혀 도움이 되지 못할 것으로 보인다. 국민의힘 대표는 기본적으로 윤석열 대통령과의 관계가 좋아야 한다. 더욱이 한동훈 위원장

같이 윤석열 대통령과 오랜 기간 함께 일한 사람의 경우는 더 그렇다. 본래 잘 모르는 사이라면 공적으로만 대하면 되지만 이미 잘 아는 사이인 경우에는 사적으로 무슨 말이든지 할 수 있어야 한다. 그래야 설득할 수 있겠기 때문이다.

그런데 한동훈의 성격으로 보아 윤석열 대통령에 맞서야 국민의 지지를 받을 수 있다고 착각하는 것 같다. 이래서는 그가 만약 국민의힘 대표가 된다면 윤석열 대통령과 윤석열 정부에 맞설 가능성이 대단히 큰데, 이렇게 되면 윤석열 대통령은 국민의힘을 탈당할 가능성이 대단히 크다. 임기를 3년 가까이 남긴 대통령이 당적이 없이 즉 집권여당이 없이 국정이 제대로 돌아갈 수 있겠는가? 또 국민의힘은 제대로 유지되겠는가? 하기야 자기 당 인사 가운데서 대통령 후보도 못 내는 정당, 그리고 자기 당 인사 가운데서 당 대표도 못 내는 정당이 더 유지되어야 하는지도 의문이지만 말이다. 국민의힘은 분열될 것이고 한국 정치는 대혼돈으로 빠질 것이다. 어쩌면 해체될지도 모른다.

그런데 한동훈 위원장은 윤석열 대통령이 성공해야 자신에게도 집권의 기회가 올 수 있음을 알아야 하는데, 그렇지 못한 것 같다. 검사 출신 대통령이 실패했는데 또 검사 출신을 대통령으로 뽑겠는가?

제1야당 민주당도 마찬가지다. 그래도 민주화의 한 성과물일 수 있는 민주당이 어떻게 민주주의와는 정반대되는 '이재명 1인사당'이 될 수 있는가? 해체를 눈앞에 둔 현상이 아닐 수 없다.

그야말로 한국정치가 막장에 이르렀음을 말하는데, 어쩌면 이것이야말로 한국정치를 혁명적으로 개혁할 수 있는 절호의 기회일 수 있다. 문제는 새것이 나와야 헌것이 물러나는 것이 세상의 이치라는 것이다.

〈김명수 대법원장을 유지시킨 사람은 윤석열 정부다〉

그런데 법치주의의 붕괴 내지 정치의 사법화를 두고 그 책임을 김명수 대법원장에게 돌리는 경향이 있다. 그러나 김명수 대법원장으로 하여금 그 자리에 계속해서 머물러 있게 한 사람은 윤석열 대통령과 한동훈 법무장관이었다. 김명수 대법원장은 임성근 부장판사로 하여금 탄핵소추를 당하게 하려고 공문서를 허위로 작성한 일이 있고, 그 일로 고발당했었다. 그런데도 윤석열 정부는 김명수 대법원장을 소환해서 조사조차 하지 않았다. 만약 소환해서 조사했더라면 김명수 대법원장은 그 자리를 도저히 유지하지 못했을 것이다.

법치주의의 붕괴는 '대장동 게이트' 등 이재명과 관련된 사건만이 아니다. 울산시장선거 부정의 경우 1년 안에 재판이 끝나야 하는데도 아직도 재판이 끝나지 않고, 이 사건의 중요인물인 황운하 의원의 경우 1심에서 징역 3년의 실형을 선고받고도 21대 국회가 끝날 때까지 국회의원직을 유지하다가 22대 국회에서는 조국혁신당으로 또다시 국회의원이 되어 있다.

법치주의의 붕괴, 이로 인한 국가기강의 해이로 이 나라가 난장판이 되었다. 수사도 재판도 너무 오래 끌다 보니 일반인들로서는 대형사건조차 기억하기 어렵게 되었다. 법이 있는지 없는지조차 가늠하기 힘든 세상이 되었으니, 이것은 정의의 실종을 의미한다. 이에 대한 가장 중요한 책임이 윤석열 대통령에게 있는데도 윤 대통령은 이에 대한 문제의식이라도 있는지 의문이다.

둘째, 이재명을 구속하지 않음으로써 제1야당인 민주당을 범죄집단처럼 되게 해서 한국정치를 난장판으로 만들었다. 또 민주당이 이재명 사당처럼 되었는데, 이 또한 윤석열 정부가 이재명을 구속하지 않은 때문이다.

아무튼 윤석열 정부가 중대범죄 혐의자인 이재명을 구속하지 않음으로써 민주주의의 요체이자 현대정치의 요체인 법치주의를 완전히 붕괴시켰다. 한마디로 윤석열 대통령이 중대범죄 혐의자인 이재명을 구속하지 않음으로써 정치뿐만 아니라 나라 전체를 엉망진창으로 만들었는데, 그 책임은 전적으로 윤석열 대통령에게 있다. 윤석열 대통령의 사퇴를 촉구하는 이 글을 쓰는 주된 이유도 바로 여기에 있음을 밝혀둔다.

3) 윤석열은 왜 이재명을 구속하지 못할까?

과연 윤석열은 이재명을 구속할 수 있을까? 윤석열은 이재명을 구속하려고 했는데 불체포특권이나 법원의 구속영장 기각 때문에 구속하지 못한 것일까? 전혀 그렇지 않다는 것이 필자의 판단이다. 필자가 보기에는 윤석열은 이재명을 구속하면 자신의 죄과가 드러날 것 같아 이재명을 구속하지 못하는 것으로 본다. 이렇게 보는 이유는 이렇다.

2011년 부산저축은행 불법대출사건이 터졌다. 부산저축은행은 박연호 회장의 사촌 처남인 조우형의 로비로 대장동 개발 시행사 '씨세븐'에게 신용한도를 한참 초과한 1155억원을 대출했는데, 이 대출은 불법대출이었다. 왜냐하면 저축은행이 1개 법인에 대출할 수 한도는 100억원인데도 그 10배가 넘는 1155억원을 대출했기 때문이다. 이 불법대출을 알선한 대가로 조우형은 10억 3천만원의 알선료를 받았다. 그래서 조후형은 대검 중수부에 입건되었다.

〈조우형을 무혐의처리 한 것은 윤석열의 잘못 아닌가〉

이 사건이 터지자 조우형은 평소 알고 지내던 김만배와 상의해서 박영수 변호사를 변호인으로 선임했다. 박영수 변호사는 이 사건의 주임검사인 윤석열의 선배로 윤 검사와 친분이 두터웠기 때문이다. 박영수가 대검 중수부장으로 있을 때 윤석열은 중수부 검사였다. 그래서 조우형은 조사도 제대로 받지 않은 채

무혐의처분을 받았다.

얼마 전 조우형이 조사받으러 가는 날 김만배가 조우형에게 '커피 한잔 마시고 오면 된다'고 했고, 실제로 담당검사가 커피를 타주며 잘 해주었다는 것이 언론에 보도되어 물의를 빚은 일이 있다. 커피를 타준 검사가 윤석열이든 아니든 조우형보다 훨씬 적은 돈을 받은 브로커들은 구속기소됐지만 조우형은 참고인 조사만 받고 끝났다는 게 말이 되는가?

1155억원의 불법대출을 알선하고 그 대가로 10억3천만원의 알선료까지 받은 조우형을 윤석열이 참고인 조사만 하고 끝낸 것은 박영수 변호사의 부탁에 의한 것으로 보지 않을 수 없다.

그렇더라도 그 뒤 조우형이 아무 문제가 없었다면 그냥 넘어갈 수도 있었겠는데, 2015년 조우형은 부산저축은행 관련 불법대출 알선수재 등의 혐의로 수원지검에 검거돼 재판에 넘겨져 징역 2년6개월의 실형을 선고받았다.

같은 사건으로 4년 뒤 징역 2년6개월의 실형을 선고받았으니 4년 전 윤석열 검사에 의한 무혐의처분은 잘못된 것이 아닐 수 없다. 수사능력이 없어 무혐의처분을 했는지, 아니면 박영수 변호사의 부탁을 받고 무혐의처분을 했는지를 밝혀야 하고, 그 책임은 당연히 이 사건에 대한 수사를 맡았던 윤석열 검사에게 있는 것으로 보아 마땅하다.

그리고 부산저축은행 사건은 이재명과 관련된 문제만은 아니다. 4조5천억원의 대출 가운데 회수율은 10%도 안 될 정도로 불법부실대출 투성이였고, 이로 말미암은 피해자가 무려 3만8천만명에 달했었다. 그런데도 1000억원이 넘는 돈을 불법대출 받게 해준 사람을 무혐의처분 했으니, 국민적 비난을 받아 마땅하다.

그런데 문제는 윤석열이 조우형을 무혐의처분 한 데 엄청난 액수의 돈이 관련되어 있을 가능성이 대단히 크다는 점이다. 이 사건의 변호사가 된 박영수(전 특별검사)는 이 사건을 무마하는 대가로 수십억원을 챙겼을 가능성이 대단히 큰 데다, 이 사건으로 인연을 맺은 대장동게이트의 주범 김만배로부터 수백억원 대의 엄청난 이익을 챙긴 것으로 알려져 있다. 무엇보다 '50억 클럽'에 들어 있으며, 그의 딸이 화천대유로부터 11억원을 받았는데, 그는 이 돈이 화천대유로부터 차용한 돈이라고 주장하나 말이 안 되는 소리다.

〈'대장동게이트'의 몸통은 김만배, 이재명, 박영수 세 사람〉

박영수는 김만배, 이재명과 함께 대장동 개발사업의 몸통이라고 할 수 있다. 김만배, 남욱, 정영학 등이 대장동 개발사업을 설계한 곳이 강남에 있는 박영수 변호사 사무실이거니와 박영수는 화천대유라는 자산관리회사의 최대주주였다. 화천대유의 자본금이 3억1천만원이었는데, 이 가운데 3억원이 박영수 변호사의 돈이었다. 그리고 그는 화천대유의 직원 가운데 1번으로 등재되어 있었다. 화천대유 내지 김만배로부터 50억원이니 11억원이니 하는 정도가 아니라 수백억원을 챙겼을 가능성이 대단히 크다. 김만배가 천화동인 1호 수익금의 반은 '그분' 것이라고 말해서 '그분'이 누구냐 하는 것이 문제가 된 일이 있는데, '그분'은 박영수일 가능성이 대단히 크다. 천화동인 1호는 100% 화천대유의 소유인데, 화천대유의 자본금 3억1천만원 가운데 3억원이 박영수가 낸 돈이기 때문이다.

그런데 2021년 9월 '대장동 게이트'가 폭로될 당시까지 천화동인 1호는 이미 1,208억원의 배당금을 받았었다. 이 가운데 반은 '그분' 것이니, 박영수는 이미 이 사업에서 600억원 이상 챙겼을 가능성이 대단히 크다.

이런 터에 조우형을 무혐의처분 한 윤석열에게 돈을 한 푼도 주지 않았을까? 윤석열이 중수2과장으로 조우형을 무혐의처분 할 당시 대검 중수부장이었던 최재경이 '50억 클럽'에 들어 있는 것을 보면 윤석열에게도 그만한 돈이 전달되었을 가능성이 대단히 크다. 또 김만배라는 사람이 윤석열을 그냥 내버려 두지 않았을 것이다. 어떤 식으로든 윤석열도 코를 꿰두려 했을 것이다. 윤석열 덕분에 수백억원을 번 박영수가 윤석열에게 돈을 한 푼도 주지 않았을 가능성은 대단히 희박하기 때문에 더욱더 그렇다. 최소한 수십억원은 용돈으로라도 주었을 가능성이 있다.

그리고 이런 일이 있었다. 김만배씨가 정영학 회계사와 통화한 녹취록에는 "윤석열이는 형(김만배 본인을 지칭)이 갖고 있는 카드면 죽어"라고 말한 부분이 있다. 이 말이 무슨 말이겠는가? 이 사건과 관련해 윤석열이 김만배로부터든 박영수로부터든 돈을 받았다는 것을 의미할 것이다. 돈을 받은 것이 아니라면 크게 다칠 일은 없기 때문에 말이다.

그리고 또 이런 일도 있었다. 윤석열 후보 부친의 연희동 집을 김만배 누나가 매입한 사실이 있다. 윤석열 측은 우연이라고 말한 바 있으나 김만배 씨 누나가 이 집에 살고 있지 않는다는 점에서 일부러 사주었을 가능성이 대단히 크고, 이것은 윤석열 씨와 김만배 씨가 상당히 가까운 사이라는 것을 말해준다.

〈돈의 행방을 쫓지 않는 윤석열 정부의 검찰, 수사의지가 있나〉

무엇보다 수천억원의 불법배임이 있었는데도 윤석열 정부의 검찰은 불법수익을 회수하려는 노력을 전혀 하지 않았다. 이런 사건 터지면 돈의 행방부터 먼저 찾아나서는 것 아닌가? 윤석열 정부의 검찰은 이 사건을 제대로 수사할 의사가 없음을 보여주는 것이 아닐 수 없다.

지난 대선 때 이재명 후보는 윤석열 후보를 언급한 '김만배-정영학 통화 녹취록'을 근거로 "'대장동게이트'는 '윤석열 게이트'"라고 공격하면서 "윤석열 후보가 (대장동 게이트의) 몸통이라고 100% 확신한다"면서 "범죄집단이 종잣돈을 마련하도록 수사하고도 봐준 게 윤석열 후보 아니냐"고 주장한 일이 있다. 이재명의 이 주장은 틀린 말이 아니다. 윤석열이 조우형을 무혐의처분을 하지 않고 엄벌에 처했다면 대장동 개발사업이 이루어지지 못했을 수 있기 때문이다. 그러나 대선 때 이런 주장을 했을 뿐 대선이 끝나고는 이런 주장을 하지 않는다. 이런 주장을 해서 윤석열이가 문제가 되면 자신도 문제가 되기 때문이다. 여기다가 박영수까지 끼어 있어서 이재명도 함부로 문제를 제기하지 못하는 것이다.

그래서 이재명 대표와 윤석열 대통령은 굉장히 사이가 안 좋은 것처럼 행세하지만 사실은 서로 봐주고 있는 것으로 보는 것이 타당하다. 이들 만큼 '적대적 공생관계'를 철저히 유지하고 있는 경우도 드물 것이다.

이것만이 아니다. '50억 클럽'의 경우 국민의힘이나 민주당 어느 쪽도 수사를 독촉하지 않는다. 민주당에서 특검법을 통과시켰고 윤석열 대통령이 거부권을 행사했으나, 양쪽 다 특검을 할 의사가 없다고 보아야 할 것이다. '대장동 게이트'를 '이재명 게이트'라고 주장했던 국민의힘이나 윤석열은 당연히 '50억 클럽'에 대한 수사를 촉구해야 하겠으나 그렇게 하기는커녕 거꾸로 특검조차 반대하고 있다. 민주당도 국민의힘도, 그리고 윤석열 대통령도 '대장동 게이트' 진상이 밝혀지는 것을 바라지 않고 있다. 밝혀지면 모두가 다 죽게 생겼기 때문임은 물론이다.

박영수 전 특검의 경우 윤석열 대통령과 아주 가까운 사이로 알려져 있는 만큼 박영수를 구속하지 않고 있을 때는 민주당 쪽은 박영수를 구속수사 하라고 압박을 가했어야 할 것 같은데, 전혀 그러지 않았다. 특히 박영수를 보석으로 석방한 데 대해서도 비난하는 성명 하나 내지 않았다. 윤석열, 이재명, 박영수, 김만배 등은 모두가 한통속이 되어 '특권카르텔'을 형성해서 서로 봐주고 있는 것이다.

〈대북송금사건이 터졌을 때 이재명을 즉각 구속했어야 한다〉

최근에 이화영 경기도 부지사가 뇌물 및 대북송금 사건으로 징역 9년6개월, 벌금 2억5000만원, 추징금 3억2595만원을 선고받았다. 800만달러의 대북송금 가운데 500만달러는 경기도의 북한 스마트팜 지원사업비이고 나머지 300만달러는 이재명 대표의 방북비였다는 것이다. 이를 두고 이화영 부지사가 이재명 지사에게 보고했느니 안 했느니 하고 다툰 일이 있다. 경기도의 대북사업, 그리고 이재명 지사의 방북비를 이재명 지사가 모르게 지불했다는 것이 말이 되는가? 도대체 부인할 것이 따로 있지 너무나 자명한 사실을 부인하면 되겠는가? 이거야 말로 손바닥으로 하늘을 가리는 일이 아니고 무엇이겠는가?

검찰은 이 사건이 드러났을 때 즉각 이재명 대표를 소환해서 구속수사 했어야 한다. 얼마나 구속수사 하기 좋은 사건인가? 당국에 보고도 하지 않은 채, 또 국민이 모르게 몰래 북한에 800만달러나 보낸 것이 드러났으니 말이다. 그리고 경기도의 대북사업을, 또 경기도지사의 방북문제를 경기도지사가 모르게 추진할 수 있는가? 이화영 부지사가 '보고해서' 알 정도의 사업이 아니고 이재명 지사의 '지시에 의해서' 이루어질 일이다.

그래서 이 사건의 주범은 이재명 지사이고 이화영 부지사는 이 지사의 지시를 따른 종범일 뿐이다.

이럴진대 검찰은 이 사건이 드러났을 때 즉각 이재명 대표를 구속수사 했어야 한다. 이화영 부지사를 구속수사 하면서 이재명 대표를 소환해서 조사 한 번도 하지 않았는데, 이것은 이 사건과 관련하여 이재명 대표는 기소되어 처벌받아야 할 이유가 없거나 윤석열 정부의 검찰은 이재명을 처벌할 의사가 없음을 말하는 것이 아닐 수 없다. 그리고 윤석열 정부의 검찰이 이재명을 처벌할 의사가 없다는 것은 윤석열 대통령의 뜻이 반영된 것이 아닐 수 없다. 검찰이 독단적으로 이재명을 처벌할 의사가 없어 구속수사는커녕 소환조차 하지 않는다면 윤석열 대통령은 검찰총장을 불러 혼을 냈어야 하겠기 때문이다.

그런데 이화영 씨가 1심에서 징역 9년6개월의 형을 선고받자 이제 와서 검찰이 이재명 대표를 기소했다. 대한민국 검찰 부끄럽지도 않은가? 이화영 씨가 이 사건으로 유죄판결을 받을 것을 진작 몰랐는가? 백보를 양보하여 이화영 씨가 무죄를 선고받았다고 해서 이재명 씨의 죄가 없어지는가? 이 사건에서 이화영 씨는 하수인에 불과하고 주범은 이재명 지사로 보는 것이 옳기 때문이다.

검찰이 이재명 대표를 기소하자 이재명이 검찰 뿐만 아니라 언론까지 비난하고 나섰다. 수준 낮은 창작소설을 썼다느니 언론이 검찰이 발표하는 대로 받아쓰는 애완견이라고 비난하고 있다. 그런데 이재명이 이런 식으로 자신에 대한 기소를 비난하면서 반발하도록 만든 장본인은 검찰이다. 이 사건이 터졌을 때 곧바로 검찰이 이재명을 구속수사 하지 않았다는 것은 이재명이가 이 사건으로 반드시 처벌받아야 일은 아닌 것으로 보았기 때문 아닌가? 검찰도 범죄로 보지 않을 만한 사안을 당사자인 이재명이 이를 부인하는 것은 당연한 것 아닌가? 이런 점에서 이재명이 너무나 자명한 범죄행위를 부인하도록 만든 장본인은 윤석열 정부의 검찰 아닌가?

그럼에도 불구하고 민주당이 이화영을 수사한 검찰을 탄핵하기 위해 특검을 주장하는 것은 비정상의 극치다. 이화영이 대북송금사실을 이재명 지사에게 보고한 일이 없음에도 불구하고 검찰수사에서 보고했다고 한 것은 검찰의 압박과 회유에 의한 것이라고 주장한다. 민주당 사람들 들어보아라! 경기도의 대북사업을, 그리고 이재명 도지사의 방북 비용을 경기도지사에게 보고하지 않고 처리한다면 경기도는 난장판 아닌가? 난장판이 된 책임은 경기도지사인 이재명에게 있는 것 아닌가? 이재명이 그렇게나 무능하고 무책임한 사람인가? 만에 하나 이화영 부지사가 이재명 지사에게 그러한 사실을 보고도 하지 않고 독단으로 처리했다면 이재명은 경기도지사 자격이 없음은 물론 당 대표나 대통령이 될 자격 또한 없는 것 아닌가? 경기도를 어떻게 운영했으면 부지사가 중요 사업을 도지사에게 보고도 않고 처리한다는 말인가?

사실 이 사업은 이화영 부지사가 이재명 지사에게 '보고'하고 처리할 일이 아니다. 이재명 지사의 '지시'에 의해 처리할 일이기 때문이다.

민주당, 정신차려라! 보고하지 않았다고 할 것이 따로 있지 경기도의 사업을 도지사에게 보고하지 않고 처리했다는 게 말이 되는가? 탄핵할 것이 따로 있지, 그리고 특검할 것이 따로 있지 이런 것을 가지고 탄핵이니 특검이니 하면 국민이 민주당을 신뢰하겠는가? 바보짓 그만하기 바란다.

〈목불인견인 검찰과 법원의 개판과 민주당의 망나니짓〉

민주당의 이런 바보짓, 망나니짓을 보면서 이게 나라인가 싶다. 이 나라의 검찰과 법원이 얼마나 개판을 쳤으면 이런 짓이 나오겠는가 싶어서 말이다.

그런데 이렇게나 검찰과 법원이 개판이 되고, 또 나라라고 하기 어려운 나라가 된 데는 윤석열 대통령과 윤석열 정부 검찰의 책임이 큼을 알아야 한다. 윤석열 대통령! 법치주의가 얼마나 붕괴되었으면 이런 망나니짓이 나오겠느냐 말이오? 민주당의 이런 행태를 망나니짓으로 생각되지 않는다면, 그 중요한 책임이 국정을 책임지고 있는 대통령에게 있음을 알지 못한다면 당장 대통령직에서 물러나세요! 누가 하더라도 당신보다는 나을 테니까요! 아무튼 이 망나지짓과 관련해 민주당도 비난받아야 하지만 윤석열 대통령과 윤석열 정부의 검찰은 더 큰 비난을 받아 마땅하다.

또 이런 일도 있었다. 지난 4월 국회의원 총선 후 이재명 대표와의 여야 영수회담이 있기 전 함성득 교수를 불러 다음 3가지 사항을 이재명 대표 쪽에 전해달라고 했다고 한다. 이재명 대표에 대한 수사는 문재인 정부에서 시작된 것이라는 것, 국무총리 후보를 추천해 줄 것, 그리고 이재명 대표에게 불편한 인사를 대통령 비서실장 인선에서 배제하겠다는 것 등이다. 이것은 지금 이재명 대표가 수사와 재판으로 이재명 대표가 정치를 하지 못하는 일은 없게 하겠다는 것과 동시에 국정운영을 이재명 대표의 뜻을 존중하면서 하겠다는 것, 그리고 특히 이재명 대표가 대통령이 되는 데 방해가 될 인물은 중용하지 않겠다는 것이다. 요컨대 이재명 대표가 대통령이 되는 데 협조하겠다는 것이다. 도

대체 이재명 대표를 향해 이런 말을 하는 사람이 제 정신일까?

특히 '이재명 대표에 대한 수사는 문재인 정부에서 시작된 것' 이라는 것은 윤 대통령으로서는 현재 이재명 대표가 수사받거나 재판받는 일로 이재명 대표를 처벌할 생각은 없다는 말 아니겠는가? 즉 구속할 생각이 없다는 말 아니겠는가?

이런 말도 되지도 않는 말이 언론에 보도되었는데도 윤 대통령 쪽에서는 이를 부인하는 발언을 하지 않았다. 그런 말을 한 것이 사실이라는 뜻이다.

이런 터에 윤석열 대통령이 이재명 대표를 구속하겠는가? 구속할 가능성은 전혀 없다고 보아야 할 것이다.

다만 이재명 대표 사건을 맡은 어느 대찬 판사가 있어 1심 유죄판결과 함께 이재명을 법정구속하는 일이 있을지는 모르겠다. 3천명이 넘는 판사를 윤석열 정부가 다 통제한다는 것은 불가능에 가까울 테니까?

〈보수우파세력, 정신차려야 한다〉

* 이재명과 조국, 문재인의 죄상을 규탄하면서 이들은 당연히 구속되어야 한다고 주장하는 이른바 보수우파 세력에게 한마디 한다. 이들이 구속되어 마땅하다면 이들을 구속할 수 있는 사람은 누구인가? 윤석열 대통령과 윤석열 정부의 검찰 아닌가? 이들을 구속해야 할 위치에 있으면서, 그리고 이들을 구속할 수 있

는 사람인 윤석열 대통령과 윤석열 정부의 검찰이 이들을 구속하지 않는다면 이들을 구속하지 않는 윤석열 대통령과 윤석열 정부의 검찰이 더 나쁜 것 아닌가? 그렇다면 이들을 구속하지 않는 윤석열 대통령과 윤석열 정부의 검찰을 비난해야 하는 것 아닌가? 그런데도 윤석열 대통령과 윤석열 정부의 검찰을 옹호하기만 해서야 어떻게 이재명, 조국, 문재인이 구속되는 것을 볼 수 있겠는가?

도둑놈과 경찰이 있는 경우, 경찰이 도둑놈인 줄을 알면서도 도둑놈을 잡지 않는다면 도둑놈보다 도둑놈을 잡지 않는 경찰이 더 나쁜 것 아닌가?

윤석열 대통령이 이재명과 문재인, 조국을 구속하면 당연히 국민으로부터 지지받는 것은 물론 윤석열 정부를 과도하게 공격하는 세력도 척결될 수 있는데도 이들을 방치해서 오히려 윤석열 대통령이 이들에 의해 쫓겨나게 생겼다면 윤석열 대통령이 잘못하는 것 아닌가? 이런 무능한, 그리고 이런 나쁜 정권을 보호해야 하는가? 이런 무능하고 나쁜 정권을 보호한다고 보호가 되겠는가? 보수우파 세력들 정신차려야 한다!

7
윤석열 대통령은 왜 이재명 대표에게 추파를 보냈을까?

윤석열 대통령은 지난 4월 국회의원 총선 후 이재명 대표와의 여야 영수회담이 있기 전 함성득 경기대 정치대학원장을 불러 '이재명 대표에게 내 진정성을 전해달라'고 하면서 '이 대표를 둘러싼 각종 수사는 내 정부가 아니라 문재인 정부 시절 시작된 것 아니냐', '후임 국무총리 후보를 추천해 달라', '이 대표에게 불편한 인사를 대통령 비서실장 인선에서 배제하겠다', 그리고 '대선 때는 경쟁자였지만 이제는 더 이상 싸울 일이 없지 않느냐'면서 '더 이상 경쟁자가 아닌 만큼 국정의 동반자로 대하겠다', '나는 어차피 단임 대통령으로 끝나지 않느냐', '소모적 정쟁이 아니라 생산적 정치로 가면 이 대표의 대선에 도움이 될 것'이라고 말했다는 것이다. 여기다가 '부부동반모임'까지 갖자고 했다는 것이다.

이를 요약하면 지금 이재명 대표가 받고 있는 수사와 재판으로 이재명 대표가 정치를 하지 못하는 일은 없게 하겠다는 것, 국정운영을 이재명 대표의 뜻을 존중하면서 하겠다는 것, 그리고 특히 이재명 대표가 대통령이 되는 데 방해가 될 인물은 중용

하지 않겠다는 것이다. 요컨대 이재명 대표가 대통령이 되는 데 협조하겠다는 것이다.

도대체 이게 말이 되는가? 대통령과의 여야영수회담을 물밑 조율했다는 사람이 언론 인터뷰를 통해 대통령과의 대화 내용을 공개하는 것부터가 있을 수 없는 일이거니와, 윤석열 대통령이 이재명 대표에게 전해달라고 했다는 말들도 말도 되지 않는 소리들이니 말이다. 오죽하면 한국일보에 그 내용이 보도되었음에도 불구하고 하도 말 같지 않은 말이라 사람들이 믿지 않을 같아서 다음날 동아일보가 이를 확인해보기 위해 임혁백 교수의 인터뷰를 실었는데, 한국일보의 보도내용이 사실이었다.

〈언론보도를 부인하지 않는다는 것은 사실이라는 뜻이다〉

이런 말도 되지도 않는 말을 윤 대통령이 함성득 교수를 불러 말했다는 것이 언론에 보도되었는데 대통령실과 윤 대통령은 이를 부인하는 말 한마디 없이 '물밑 조율은 없었다'는 말만 했을 뿐이다. 윤 대통령이 이런 말을 한 것이 사실이라는 뜻이다.

설사 윤 대통령이 함성득 원장을 불러 위와 같은 내용의 말을 했다 하더라도 그 내용이 윤 대통령이 해서는 안 될 말일 때는 일단 부인하는 게 상식이다. 완전히 부인하기가 어려우면 '와전되었다'고는 말하는 것이 상식이고, 이것이 국민에 대한 대통령으로서의 예의이다. 이런 말도 되지도 않는 말을 대통령이 말한 것으로 언론에 보도되었는데도 이를 부인하는 발언을 하지 않는 것은 국민을 무시하는 태도이기 때문이다.

그러면 윤석열 대통령은 얼마나 급했으면 이런 말도 되지 않는 말까지 하면서 이재명 대표에게 비굴할 정도의 저자세였을까? 그 이유를 알기는 어렵지만 필자가 판단하기에는 김건희 여사 특검 내지 채 상병 특검과 관련해 이재명 대표에게 '너무 강하게 밀어붙이지 말아줄 것'을 부탁하기 위한 것으로 보인다. 그렇지 않다면 갑자기 이재명 대표에게 이렇게나 '비굴할 정도의 저자세'일 이유가 없기 때문이다.

필자의 위의 추론이 사실이라면 윤 대통령은 결단해야 한다. 부인을 택하든가 아니면 대통령직을 택하든가 말이다. 부인에 대한 특검을 해보았자 별로 나올 것도 없는 터에 그 특검을 피해 보기 위해 이재명 같은 사람에게 대통령으로서는 도저히 해서는 안 될 말까지 하면서 비굴한 자세를 보이는 사람은 대통령직을 유지할 자격이 없기 때문이다. 부인 보호도 좋지만 대통령이 부인을 보호하기 위해 이런 비굴한 자세를 보여서야 어떻게 대통령으로서 인정받을 수 있겠는가? 그렇다고 부인을 보호하는 것도 되지 못하면서 말이다.

김건희 여사는 특검을 받아도 아무 상관이 없다. 윤석열 대통령의 말대로 문재인 정권이 오랜 기간 그렇게나 털었는데도 나온 것이 없었는데 지금 턴다고 무엇이 더 나오겠는가?

그런데도 윤석열 대통령은 김건희 여사 특검을 왜 결사적으로 반대할까? 특검을 하면 무엇이 나올 것이 있어서가 아니라 김건희 여사가 '특검의 특자도 내 앞에서 꺼내지 마세요'라고 하니 이에 맹종하는 때문이 아닐까 싶다. 합리적인 이유가 없다. 그냥 김건희 여사가 반대하니 못하는 것이다. 어찌 이 일에서만 그렇겠는가? 다른 일에서도 이런 일이 많을 것이다. 이런 사람이 대통령으로 있는 것은 정말 위험한 일이다.

윤석열 대통령, 이것은 결코 사소한 문제가 아니다. 윤석열 대통령에 대한 지지율이 대단히 낮은데, 그 주된 이유가 '김건희 꼴도 보기 싫은 터에 윤석열 대통령이 김건희 여사에게 꽉 잡혀 있는 것 같다'는 데 있다고 보는 사람들이 대단히 많다. 대통령실에 특별감찰관과 제2부속실을 두지 않는 것도 김건희 여사가 반대하기 때문으로 보이는데, 이것이 사실이라면 윤석열 대통령이 얼마나 김건희 여사에게 꽉 잡혀 있는가를 보여주는 것 같아 걱정스럽기 그지없다.

그런데 윤석열 대통령이 이런 말 같지 않은 말을 이재명 대표에게 했다는 것이 언론에 보도되었는데도 이에 대해 아무 말도 하지 않는 이 땅의 보수우파세력도 문제다. 이재명 같은 사람에게 온갖 추파를 던지면서 비굴한 자세를 취하고, 심지어 그가 대통령이 되는 데 협조하겠다고 하는데도 가만히 있다면 보수우파세력이라고 할 수 있는가? 윤 대통령에게 이런 말을 한 것이 사실인지 추궁하고, 그리고 이런 말을 한 것이 사실이라면 물러나라고 요구해야 하는 것 아닌가? 적어도 윤 대통령을 비난이라도 해야 하는 것 아닌가? 주구장창 이재명과 조국만 비난했지, 윤석열 대통령은 아무리 큰 잘못을 범해도 비난하지 못하는 그런 능력과 수준으로는 이른바 좌파를 이길 수 없다. 좌파는 사악하기는 하지만 무능하지는 않은 편인데, 보수우파는 이기적이면서도 무능하기까지 하니 이래서야 어떻게 사악한 좌파를 이길 수 있겠는가?

보수우파세력 들먹일 필요가 없이 국민의힘이 문제다. 자기당 소속의 대통령이 야당 대표가 대통령이 되는 데 협조할 뜻을 밝혔는데도 이것을 그냥 두어서 되겠는가? 국민의힘 소속 당직자와 국회의원들은 무엇 하고 있는가? 이재명만 비난하면 되는가? 자당 소속의 대통령이 이재명을 돕겠다고 하는데도 말이다.

그런데 보수우파세력이나 국민의힘 입장에서만 윤석열 대통령을 비난할 일이 아니다. 국민의 입장에서도 이런 몰지각한 사람을 대통령으로 두는 것은 옳지 않다. 이런 대통령은 물러나게 해야 한다.

결국 편 가르기에 따른 확정편향에서 벗어나지 못하는 때문인데, 이래서는 보수우파가 이기지도 못하면서 나라를 망하게 할 뿐이다. 정신 차려야 하지 않겠는가?

8
윤석열 대통령의 사퇴를 촉구한다

* 윤석열 대통령이 사퇴해야 할 이유를 밝히기 전에 미리 밝혀 둘 내용이 있다. 윤석열 대통령의 사퇴를 촉구하는 것은 윤석열 대통령이 이 나라를 난장판으로 만들었기 때문이기도 하지만, 이보다 더 중요한 이유는 윤 대통령이 스스로 사퇴하지 않고 탄핵으로 물러날 경우(임기 만료로 물러나도 비슷함) 제1야당의 대표인 이재명이 차기 대통령이 될 가능성이 대단히 큰 때문이다. 사악하기 그지없는 이재명이 대통령이 되는 것을 막으려면 윤석열 대통령이 탄핵 당하기 전에 물러나는 것이 나라와 국민을 위해서는 물론이고 본인을 위해서도 좋을 것이다.

사퇴하는 경우 사퇴하기 3,4개월 전 사퇴의 의사를 미리 밝힘으로써 여야가 모두 다음 대통령선거를 준비할 시간을 확보토록 해야 한다. 그러지 않고 탄핵으로 갑자기 물러날 경우 2개월 안에 대통령선거를 치러야 하는데, 이렇게 되면 현재 제1야당 대표를 맡고 있는 이재명이 대통령이 될 가능성이 대단히 크다. 이재명 대표가 대통령이 되는 것을 막아야 하는데, 그는 사악한 사람이기 때문이다.

<윤석열 대통령이 사퇴해야 할 이유>

첫째, 윤석열 대통령의 최대 결점인 오만과 독선으로 국민의 신임을 완전히 잃었기 때문이다.

윤 대통령이 오만하다는 것은 세상이 다 아는 일이다. 참모들과 회의를 하면 1시간 동안에 57분을 윤 대통령 혼자서 말한다는데, 이것은 윤 대통령이 유식해서가 아니라 무식한 때문임을 알아야 한다.

윤 대통령은 자신이 모든 것을 알고 있고, 또 자신이 하는 일은 무엇이든지 다 옳다고 보는 것 같은데, 엄청난 착각이다. 자신에 대한 지지율이 낮은 거나 이번 국회의원 총선거에서 국민의힘이 참패한 것은 윤석열 대통령의 오만과 독선, 그리고 이에서 비롯되는 무능 때문임은 이미 공지의 사실이다. 그런데도 그는 자신의 국정운영운영이 옳음을 국민이 잘 몰라서 그렇게 된 것처럼 말한 일도 있다. 국민의힘 참패의 원인을 국민 탓으로 돌린 것이다.

오만은 무지의 소치다. 오만하다는 것은 무식하다는 것을 의미한다. '무식하면 용감하다'는 말이 있는데, 무식하니 자신이 무엇을 잘못하고 있는지, 심지어 자신이 얼마나 무식한지를 모른다. 또 자신보다 뛰어나고 훌륭한 사람이 얼마나 많은지를 모른다. 그래서 용감해지는 것이다.

그동안 윤 대통령의 오만을 비판적으로 지적하면서 오만하지 말 것을 당부한 사람이 무수히 많았지만, 고칠 생각은 전혀 없어 보인다. 상대방이 하는 말이 왜 옳은지를 모르기 때문이다. 고칠 생각이 없다기보다 고칠 능력이 없어 보인다. 한마디로 무식의 소치라 구제불능이다.

이러다 보니 윤석열 대통령은 국민의 지지를 잃었다. 지난 2022년 5월 취임하고서 몇 달 후부터는 긍정평가는 30%를 조금 넘는 데 비해 부정평가는 계속해서 60% 전후였다. 며칠 전에는 지지율이 21%까지 떨어진 일이 있는데(부정평가는 70%였음), 이래서는 국정운영을 제대로 할 수 없다.

지난 4월 10일에 있은 국회의원 총선거에서 국민의힘이 참패한 것 또한 윤석열 대통령의 오만과 독선, 무능에 대한 국민의 심판이었다. 비상대책위원장이었던 한동훈의 책임도 거론되고 선거과정에서 이종섭 전 국방장관을 호주대사로 임명한 것이라든가 '대파사건' 등으로 참패한 것처럼 말하는 사람들도 많으나, 그것들은 부차적인 것이었다. 윤 대통령이 그동안 보여온 오만과 독선은 가히 목불인견이었다. 국무위원 자격이 없는 사람들을 지명해놓고서 억지로 밀어붙여 장관으로 임명한 일, 검찰출신 인사들의 대거 중용, 이태원에서 국민이 198명이나 죽었는데도 한 명에게도 책임을 묻지 않는 책임정치의 실종 등이 국민의 분노를 차곡차곡 쌓아온 결과 국민의힘이 참패했다. 내각책임제였다면 이미 정권이 바뀌었을 것이다.

거기다 윤 대통령을 조기에 축출하려는 세력이 대기하고 있다. 국정을 잘 운영하는데도 축출투쟁이 일어난다면 이에 맞서서 싸워야 하겠지만, 오만과 독선으로 말미암은 국정운영의 실패가 확인된 상태에서 축출투쟁이 일어난다면 그에 맞서서 싸울 필요도 없고 또 싸운다고 축출을 막을 수도 없다.

그래서 앞으로 민주당 중심의 탄핵투쟁이 전개될 텐데 윤석열 대통령은 이를 막아내지 못할 것이고, 윤 대통령을 지지하고 심지어 보호하려는 보수우파세력조차 이를 막아내지 못할 것이다. 민심이 이미 윤석열 대통령을 떠났기 때문이다.

윤 대통령을 탄핵하려면 우선 제22대 국회에서 국민의힘 소속 국회의원 8명 이상이 탄핵소추결의에 동조해야 하는데, 그럴 가능성은 충분히 있다. 대통령에게서 민심이 이미 떠난 마당이라 윤 대통령을 편들지 않을 국민의힘 소속 국회의원은 상당수에 이를 것이기 때문이다.

그래서 윤석열 대통령은 탄핵을 당하기 전에 스스로 사퇴하는 것이 옳다. 이것은 나라와 국민을 위해서이기도 하지만 윤석열 대통령 자신을 위해서나 그를 대통령으로 만들고 또 지지해온 보수우파 국민들을 위한 것이기도 하다. 탄핵의 과정을 거치지 않고 스스로 물러난다면 설사 사법처리 되더라도 구속이라도 면할 수 있겠지만 탄핵을 당할 때까지 버티게 되면 탄핵 후 온갖 범죄혐의로 구속되는 것은 물론 중형에 처해질 것이다. 구속되어 중형에 처해지는 것은 면해야 하지 않겠는가?

〈김건희 여사와 대통령직 가운데 어느 하나를 선택해야 한다〉

둘째, 부인 김건희 여사 문제와 관련한 윤 대통령의 비이성적인 태도가 문제다.

지금까지 윤 대통령이 김건희 여사 문제와 관련해 보이는 자세를 보면 김건희 여사를 보호하려는 정도를 넘어 김건희 여사 문제와 관련해서는 어느 누구의 조언도 듣지 않고 오직 김건희 여사의 뜻대로 하는 것으로 보인다. 심지어 윤 대통령조차도 김건희 여사의 비위에 거슬리는 말은 일체 하지 못하는 것 같이 보인다.

도이치모터스사건과 관련한 특검의 경우 설사 김건희 여사에게 아무 잘못이 없다 하더라도 이미 문제가 제기된 이상 특검이든 검찰 수사든 피할 수 없게 되었다. 윤 대통령 말대로 지난 정권에서 2년여 동안 샅샅이 뒤진 사건이라 더 수사해봐야 범죄될 만한 사항이 나올 수 없게 되어 있다. 그렇다면 왜 특검을 거부하는가? 디올 백 수수사건도 마찬가지다. 어차피 다 드러나게 되어 있는 사건이니 이와 관련한 사실을 밝히고 국민에게 사과하면 된다. 무조건 수사나 특검을 회피하려 하는 것 같은데, 민주당이 이것을 그냥 넘기겠는가? 수사나 특검을 회피하려는 것처럼 보이니 오히려 무슨 큰 잘못이라도 있는 것처럼 보일 뿐이다. 또 수사나 특검을 거부한다고 국민이 이를 용납하겠는가? 오히려 민주당의 공세를 더 강화시킬 뿐이고, 국민을 더 분노케 할 뿐이다.

이들 사건과 관련한 윤 대통령의 태도로 보거나 그동안 윤 대통령 부부와 관련한 소문을 종합해서 판단해보면 이들 사건을 수사하거나 특검을 하면 무슨 새로운 사실이 드러나 어려움에 처할 것 같아서라기보다 김건희 여사가 이들 문제와 관련해 '나 수사든 특검이든 안 받아요'라고 한마디 하면 윤 대통령은 거기에 대꾸 한마디 못하고 무조건 따르는 것이 아닌가 싶다. 한마디로 부인한테 꼼짝 못해서 특검을 수용하지 못하는 것이 아닌가 싶다는 것이다.

만약 위와 같은 추론이 사실이라면 윤석열 대통령은 대통령으로서의 자격이 없고, 이런 사람이 대통령직을 유지하는 것은 국가적으로 대단히 위험한 일이다. 그래서 윤석열 대통령은 김건희 여사와 대통령직 가운데 어느 하나를 선택해야 한다.

윤 대통령 주위에 있는 사람 가운데, 특히 비서진 가운데 윤석열 대통령의 비위에 거슬리는 말을 하는 사람은 없어 보이는 데다 특히 김건희 여사 문제와 관련하여 김건희 여사의 비위에 거슬리는 말을 하는 사람은 없어 보이는데, 이래서는 윤석열 대통령이 결코 국민의 뜻을 따르는 국정운영을 할 수가 없다. 지난 총선 참패의 주된 원인도 윤 대통령 부부의 오만한 태도에 있었다고 보는 사람들이 많은 터에 이것을 바로잡아야 한다고 건의할 사람조차 윤 대통령 주위에 없다면 이것은 심각한 문제다. 이래서는 결코 국정운영을 바르게 할 수 없겠기 때문에 윤 대통령이 사퇴하는 것이 옳다.

셋째, 근본적으로 국정운영이 실패했다. 한미관계의 복원, 한일간의 유대 강화, 북한에 대한 굴종적인 자세 탈피 등 긍정적인 요소가 있으나 그밖에는 총체적으로 실패했다고 보는 것이 타당하다. 지금 윤석열 대통령에 대한 국민의 지지율은 30% 정도 되고, 심지어 21%까지 떨어진 일도 있는데, 이런 지지율로는 국정운영을 제대로 할 수가 없다. 그래서 임기 전에 사퇴하는 것이 나라와 국민을 위해서는 물론 자신을 위해서도 좋을 것이다.

〈정권교체의 의미를 못 살린 윤석열 대통령은 물러나야 한다〉

넷째, 지난 대선에서 윤석열 후보를 내세워 정권을 교체한 것은 이재명과 문재인을 구속할 것을 바랐기 때문인데, 이재명과 문재인을 구속하지 못함으로써 실질적인 정권교체는 이루어지지 못했다. 정권교체를 바라서 그를 지지해서 대통령이 되게 했는데도 실질적인 정권교체를 이루지 못했고, 이에 대한 책임은 윤석열 대통령에게 있기 때문에 이에 대한 책임을 지고 물러나야 한다.

다섯째, 윤석열 정부는 구속되고도 남을 이재명, 문재인, 조국 등을 구속하지 못함으로써 이들이 온갖 오만방자한 행동을 하도록 해서 민주정치의 요체이자 현대정치의 요체인 법치주의가 완전히 붕괴되게 했다. 법치주의가 붕괴되니 나라의 기강이 무너졌다. 윤리와 도덕이 설 자리를 잃었다. 그래서 나라가 엉망진창이 되었다. 야당이 입만 열면 '탄핵' 운운하는 나라, 대통령만 탄핵해야 한다는 게 아니라 검사를 탄핵해야 한다, 판사를 탄핵해야 한다고 하는 나라 말이다. 물론 민주당의 이런 경거망동한 행동이 윤석열 대통령의 탄핵을 어렵게 하는 요인이 될 수도 있지만 말이다.

이를 두고 보수우파세력은 '탄핵'을 입에 달고 사는 민주당 내지 야당을 비난하고 있지만 그 근본적인 책임은 국정담당세력인 윤석열 정부와 윤석열 대통령에게 있음을 인식해야 한다.

아무튼 나라를 엉망진창으로 만드는 데 가장 중요한 책임이 있는 윤석열 대통령은 물러나야 한다. 대통령도 잘못하면 재임 중에 물러나게 하는 것이야말로 민주주의의 정수이기 때문에 더욱더 그렇다.

사상 최대의 불법배임특혜사건이라 할 '대장동 게이트'와 관련하여 구속되어 있거나 아직도 유죄판결을 받은 사람이 단 한 명도 없는 현실, 이게 나라인가? 그 주된 책임은 집권자인 윤석열 대통령에게 있음은 물론이다! 그런 터에 무엇 때문에 대통령직을 유지하고 있는가?

이런 점에서 윤석열은 대통령직을 수행할 자격도 능력도 없다. 설사 자신도 박영수, 이재명 등과 함께 부정한 사건에 관련되어 있다 하더라도 국법을 집행해야 할 대통령은 박영수나 이재명과 같은 사람은 구속해서 엄벌에 처할 수 있어야 한다. 자신이 관련되어 있다고 해서 이들을 구속해서 처벌하지 못한다면 대통령이 될 자격이 없다. 대통령은 재임 중 형사소추되지 않게 되어 있거니와, 이들이 윤 대통령의 혐의사실을 폭로하면 이에 대해 적절한 해명을 할 수 있어야 하고, 심지어 대통령이란 직책을 이용해 수사를 회피하면 된다. 대통령이란 사람이 자신의 과오가 드러날까 싶어 국법질서가 파괴되는 것을 방치해서 되겠는가? '이게 나라냐'라는 국민적 탄식이 나오고 있는데, 이런 탄식이 나오게 한 사람이 바로 윤석열 대통령이니, 이런 사람이 대통령직을 더 유지하고 있어서는 안 된다.

여섯째, 더욱이 윤석열이 이재명 등을 제대로 사법처리 하지 못함으로써 거꾸로 이재명한테서 윤석열이 쫓겨나게 생겼다. 이재명 등은 연일 '탄핵'을 거론하고 있는데, 이대로 가다가는 이재명 세력에게 탄핵될 가능성이 대단히 크다. 얼마나 무능하면 윤석열한테서 구속되어 엄벌에 처해졌어야 할 사람한테서 거꾸로 쫓겨나게 생겼는가? 그러면서도 오만이란 오만은 다 부리는 것을 보노라면 실망스럽기 그지없다.

〈이재명의 대통령 당선에 협조하겠다는 윤 대통령, 제 정신인가〉

일곱째, 지난 4월 국회의원 총선 후 이재명 대표와의 여야 영수회담이 있기 전 함성득 교수를 불러 다음 3가지 사항을 이재명 대표 쪽에 전해달라고 했다고 한다. 이재명 대표에 대한 수사는 문재인 정부에서 시작된 것이라는 것, 국무총리 후보를 추천해 달라는 것, 그리고 이재명 대표에게 불편한 인사를 대통령 비서실장 인선에서 배제하겠다는 것 등이다. 이것은 지금 이재명 대표가 수사와 재판으로 정치를 하지 못하는 일은 없게 하겠다는 것과 동시에 국정운영을 이재명 대표의 뜻을 존중하면서 하겠다는 것, 그리고 특히 이재명 대표가 대통령이 되는 데 방해가 될 인물은 중용하지 않겠다는 것이다. 요컨대 이재명 대표가 대통령이 되는 데 협조하겠다는 것이다.

도대체 이게 말이 되는가? 이런 말도 되지도 않는 말이 언론에 보도되었는데도 이를 부인하는 발언을 하지 않았다. 그런 말을 한 것이 사실이라는 뜻이다. 국민의힘 후보로 대통령이 된 사람이 차기 정권을 야당인 민주당의 대표가 맡도록 노력하겠다고 하는 사람을 대통령 자리에 있게 해서야 되겠는가?(이에 대한 자세한 분석은 별도의 글에서 다룬다.)

국민의힘 입장에서는 물론이고 국민의 입장에서도 이런 몰지각한 사람을 대통령으로 두는 것은 옳지 않다.

〈채수근 상병 특검문제에서 드러난 윤석역 대통령의 비굴한 태도〉

여덟째, 채수근 상병 특검문제에서 드러난 윤석열 대통령의 비굴한 태도도 문제다.

본래 윤석열 대통령은 민주정치의 요체 중에 하나인 책임정치에 대한 인식이 완전히 결여되어 있다. 국민 159명이 죽은 이태원 참사의 경우 고위공직자 가운데 책임을 물은 사람이 단 한 사람도 없는 것이 단적인 예다. 검사생활을 오래 해서 인과관계 곧 원인이 있어야 책임도 묻지 원인이 없으면 책임도 물을 수 없다는 인식이 몸에 배 있어 구체적인 범죄행위가 없으면 처벌받는 일도 없어야 한다는 것이다.

그러나 이것은 형사사건에 적용되어야 할 원리이지 정치의 영역에서는 이래서는 안 된다. 설사 직접적인 책임이 없더라도 책임을 물어야 하는 경우가 많기 때문이다. 이른바 정치적 책임이라고도 하고 도의적 책임이라고도 한다.

채수근 상병 사망 사건의 경우 사단장에게 직접적 책임이 없다 하더라도 사단장으로서의 주의의무 곧 사고방지를 위해 취했어야 할 조치를 충분히 강구하지 않았다면 일정한 범위의 책임을 지게 하는 것이 맞다. 해병대 수사단장이 사단장에게 과실치사의 책임을 물어야 한다고 본 것은 이 때문이 아닐까 싶다. 특히 임성근 사단장의 이날 행적과 관련하여 사단장의 책임을 물을 만한 여러 가지 일들이 있었던 같기도 해서 더욱더 그렇다.

그래서 이 사건 처리에 대한 해병대 수사단과 국방부장관의 대응을 보면서 윤석열 대통령으로서는 도저히 용납이 안 되어 격노할 수 있다고 본다. 우선 군인사망사건에 대해서는 경찰이 수사하게 되어 있는 데다 해병대 수사단이 책임소재까지 조사해서 그 조사보고서를 경찰에 넘겼다는 것은 해병대 수사단의 월권인 터에 충분한 조사도 없이 사단장에게 과실치사의 책임을 물어야 한다고 한 것은 아주 잘못된 일로 판단되어 국정의 최고 책임자로서, 그리고 국군통수권자로서 이를 용납할 수 없다고 판단할 수 있다. 그래서 이 사건을 처리한 관계자에 대해 질책하면서 해병대수사단의 수사를 무시하고 경찰로 하여금 처음부터 조사하게 할 수 있다. 비록 그렇게 하는 것이 관계법령에 다소 위반되는 점이 있더라도 국군통수권자로서 마땅히 그렇게 해야 한다고 생각할 수 있다. 만약 절차상의 위법이 있다 하더라도 그 것은 그것대로 책임을 지면 된다. 책임질 일도 별로 없어 보이지만 말이다.

그런데 문제는 윤석열 대통령이 이 문제에 당당하게 대처하지 못하고 비굴하게 대응함으로써 문제를 복잡하게 만들고, 그래서 특검까지 불러들인 것이다. 대통령의 이런 처사를 보고 그냥 넘어갈 야당이 어디 있겠는가? 야당은 당연히 특검을 통해서라고 진상을 밝힐 것을 요구해야 한다.

〈채 상병 사건의 진상을 윤석열 대통령이 직접 밝혀야 한다〉

이 문제를 처음부터 잘 처리했더라면 좋았겠지만 그렇지 못해서 야당이 문제를 제기했을 때라도 윤석열 대통령은 이렇게 대응했어야 한다고 본다.

해병대 수해지원사업과 관련 채수근 상병 사망사건에 대한 해병대 수사단의 처리결과를 보고받은 바, 이것은 군인사망사건과 관련해서는 경찰이 조사하게 되어 있다는 관계법령을 위반한 점이 있는 데다 충분한 조사도 없이 사단장에게 과실치사의 책임이 있는 것으로 판단하여 그 조사보고서를 경찰에 넘긴 것은 옳지 않다고 보아 그 조사보고서를 회수할 것과 그처럼 일을 잘못 처리한 수사단장에게 책임을 물을 것을 지시했다고 했으면 좋았을 것이다. 그 다음 문제는 국방부장관 등 이 사건 관계자가 처리하면 될 일이었다.

그런데 윤 대통령은 이렇게 하지 않고 이 사건과 관련하여 자신은 아무것도 한 일이 없는 것처럼 대응하다가 이종섭 전 국방부장관을 호주대사로 임명하여 비밀리에 후주로 출국하게 하고는 '대통령은 이 사건과 관련하여 국방부장관에게 아무런 지시도 한 일이 없는 것은 물론 통화한 사실도 없는 것'처럼 했다. 나

중에 통화기록이 드러나자 일파만파 일이 커지게 된 것이다.

설사 이렇게 되었다 하더라도 야당이 이 사건의 진상을 규명하기 위한 특검을 요구하면 야당이 요구하는 특검을 거부함과 동시에 자신이 직접 해병대 수사단의 조사와 경찰이첩은 잘못된 것임을 지적하면서 이 사건의 진상을 경찰로 하여금 제대로 조사하도록 지시했다고 하면 되었을 것이다. 엉뚱한 변명이나 책임회피가 아니고 말이다.

사건의 경위를 대통령이 다 밝혔는데도 불구하고 야당이 계속해서 특검을 요구하면 여론이 이를 용납하지 않을 것이다. 다만 대통령의 지시에 잘못된 점이 있다면 대통령에게 책임을 물을 수는 있겠지만 특검을 요구할 수는 없다. 대통령의 진상을 다 밝혔기 때문에 말이다.

대통령이라고 해서 특검에 의한 조사를 받지 않아야 하는 것은 아니지만 대통령이 특검에 의한 조사를 받는 것은 전혀 옳지 않다. 그래서 대통령이 특검에 의한 조사를 받는 일이 없도록 해야 한다.

그러나 지금은 특검을 하지 않을 수 없게 되었다. 물론 지금이라도 윤석열 대통령이 이 사건과 관련하여 있었던 일을 소상하게 밝히고 책임질 일이 있으면 대통령이 모든 책임을 지겠다고 말하면 야당이 더 이상 특검을 요구할 수가 없을 것이다.

그런데 지금의 민주당은 채 상병 사망사건의 진상규명보다 윤석열 대통령을 비난하고 심지어 이 사건에서 윤석열 대통령을 탄핵할 근거를 찾는 것이 목표인 만큼 대통령이 진상을 밝혀도 계속해서 물고늘어질 가능성이 대단히 크다. 그러나 그렇게 되면 민주당을 비난하는 여론이 압도적으로 많아 특검을 추진하지도 못할 뿐만 아니라 탄핵도 더 어렵게 될 것이다.

윤석열 대통령의 현명한 판단이 있었으면 하고 바라면서 책임정치의 중요성을 강조해두고자 한다. 채수근 상병의 경우 특별히 그 부모에게는 이 세상의 전부요 우주였다. 더욱이 수근이를 낳기 위해 그 부모가 들인 눈물겨운 노력에 대한 기사를 보았다면 이 금쪽같은 아들을 죽게 한 사람들에 대해서는 없는 죄도 덮어씌워 벌 받게 하고 싶은 것이 인지상정 아닐까? 공직을 맡은 사람은 국민을 대할 때 이런 마음으로 대해야 하겠다는 것이다.

윤석열 대통령은 이런 마음이 너무 부족한 것 같고, 그래서 이런 궁지에 몰리 것 같기도 하다. 윤 대통령이 깊은 자성이 있기를 바란다.

〈윤석열 대통령은 바뀔 수가 없어 대통령직에서 사퇴해야 한다〉

아홉째, 윤석열 대통령은 바뀔 수 있는 사람이 아니기 때문에도 물러나야 한다. 4.10 국회의원 총선은 그야말로 친윤석열 대 반윤석열로 치러진 선거였다. 이 선거에서 윤석열 대통령이 참패한 것이다. 참패한 원인은 윤석열 대통령의 오만과 독선과 불통이라고 보는 것이 일반적이다. 그래서 선거 후 이구동성으로 윤석열 대통령이 바뀌어야 한다고 주장한다.

그러나 윤석열 대통령은 바뀔 사람이 못된다. 윤석열 대통령은 근본적으로 무식하기 때문이다. 앞에서 지적했지만 윤석열 대통령의 오만과 독선은 그의 무지에서 나오는 것이기 때문이다.

열째, 이재명이 대통령이 되는 것을 막기 위해서도 윤석열 대통령은 스스로 사퇴하는 것이 옳다.

사퇴의 뜻을 밝힐 때 약 3개월 정도 뒤에 사퇴하겠다는 뜻을 밝힘으로써 사퇴의 뜻을 밝힌 시점부터 약 5개월 후에 대통령선거가 치러지게 하는 것이 좋다. 탄핵으로 물러나거나 사퇴의 뜻 표명과 함께 곧바로 물러나게 되면 대통령선거를 그로부터 2개월 안에 치러야 하는데, 그렇게 되면 좋은 대통령을 뽑을 준비기간이 부족하거니와 제1야당의 대표인 이재명이 차기 대통령이 될 가능성이 대단히 큰 때문이다. 그래서 사퇴의 뜻을 밝힌 후 3,4개월 후 사퇴함으로써 여야당 모두 대통령선거를 준비할 시간을 가질 수 있어야 한다. 그래야 좋은 대통령을 뽑을 수도 있지만 이재명이 대통령이 되는 것을 막을 수도 있겠기 때문이다.

박근혜 대통령의 경우, 탄핵으로 물러나니 그로부터 2개월 안에 대통령선거를 치를 수밖에 없었고, 그러다 보니 제1야당의 대표였던 문재인이 대통령이 될 수 있었다. 이번에는 이런 우를 범해서는 안 되겠기에 윤석열 대통령은 대통령선거를 준비하는 기간이 5개월 정도 되게 사퇴하는 것이 옳다.

한 가지 더 첨언하는데, 야당인 민주당을 저런 정당 곧 '이재명 1인 독재정당'이 되게 하는 데 가장 크게 기여한 사람도 바로 윤석열 대통령이다. 윤석열 대통령이 이재명을 제대로 사법처리 했더라면 이재명은 국회의원도 민주당 대표도 될 수 없었을 것이기 때문이다. 이런 점에서 민주당 당원 가운데도 윤석열 대통령을 원망하는 사람들이 대단히 많을 것이다. 물론 민주당이 저 꼴이 된 데는 민주당의 중요인사와 민주당 당원들의 책임이 가장 크지만 말이다.

9
이재명이 대통령이 되는 일은 없어야 한다

이재명이란 사람은 대통령은커녕 공직을 맡아서는 안 된다. 무엇보다 이 사람은 공직을 맡을 기본적인 자질이 안 되 있는 사람이다. 몇가지 예를 든다.

대장동 개발사업이나 백현동 개발사업처럼 고위공직자의 인허가권을 이용하여 공적으로든 사적으로든 돈을 벌면 안 된다. 그런데도 김만배 등에게 수천억원의 이익을 안겨준 대장동 개발사업을 자랑삼아 떠들어대는 사람이니 더 말할 것이 없다.

그리고 공직자가 법인카드를 사적 용도로 써서는 안 된다. 그런데도 이재명 씨는 성남시장으로 있을 때든 경기도지사로 있을 때든 법인카드를 파렴치할 정도로 사적 용도에 썼으니 더 말해서 무엇 하겠는가?

무엇보다 이재명 씨가 하는 말을 믿을 수가 없다. 이재명 씨의 거짓말은 '이재명 어록'을 만들어도 될 만큼 엄청나게 많다. '입만 벌리면 거짓말을 한다'는 말이 있는데, 이재명 씨의 말이 그렇다. 심지어 자기 스스로 '내가 한 말을 믿는가'라고 반문할 정도니, 거짓말 이전에 뻔뻔스럽기 그지없는 사람이다. 이런 사람이 대통령이 되면 나라가 어떻게 되겠는가?

그러나 요즘 돌아가는 꼴을 보노라면 이재명이 대통령 되지 말라는 법도 없어 보이기는 하지만 말이다. 민주당을 완전히 이재명 1인정당으로 구축한 데다, 특히 윤석열 대통령이 이재명을 의법조치 해서 그로 하여금 더 이상 정치를 할 수 없게 하기는커녕 오히려 그가 대통령이 되는 데 협조하겠다는 말까지 하고 있으니 말이다.

아무튼 나는 이재명 같은 사람은 절대로 대통령이 돼서는 안 된다고 보아 그 이유를 좀 더 밝혀둔다.

지금부터 7년여 전 2016년 가을쯤으로 기억된다. 대통령선거가 예정되어 있어 이재명 지사가 대통령 후보로 나섰을 때다. 그를 잘 모르긴 하지만 저런 사람이 잘 되었으면 하는 마음을 가졌었다. 초등학교도 정상적으로 다니기 어려울 정도로 가난해서 공장에 가서 일을 했고, 또 일을 하다가 팔을 다쳐 장애인이 되기도 한 가운데 검정고시를 거쳐 대학을 졸업하고 사법시험까지 합격해서 성남시장까지 된 입지전적 인물이라고 생각했기 때문이다. 무엇보다 자기 어머니가 성남시장 노상에서 떡장사를 하여 아들들을 키웠다고 하니 정말 어려운 가정에서 저만치라도 잘 되었으니 참 대단한 사람이겠구나 싶었다.

그래서 자기 형수에게 입에 담기 어려울 정도의 욕설을 했다는 것이 인구에 회자되어도 나는 '남의 집안 사정을 다른 사람이 다 알기는 어렵다'는 생각으로 그를 크게 비난하고 싶지 않았었다. 특히 나는 평소 '우리 집에서 일어나는 일은 남의 집에서도 일어날 수 있고, 남의 집에서 일어나는 우리 집에서도 일어날 수 있으며, 나에게 일어나는 일은 남에게도 일어날 수 있으며 남에게 일어나는 일은 나에게도 일어날 수 있다'고 생각하는 터라 개인적인 내지 가정적인 문제를 가지고 어떤 사람을 평가하는 일은 가능한 자제하려고 했었다. 그래서 이재명 씨의 형수 쌍욕과 관련해서도 어쩌다 저런 일이 있었나 보다 하고 생각했을 뿐 그것으로 이재명 씨를 평가하고 싶지 않았다. 그래서 사람들이 이재명 씨의 형수 쌍욕과 관련해서 그를 비난할 때도 듣고 있었을 뿐 형수 쌍욕 관련 유튜브를 볼 생각은 없었다.

그러던 차 우연히 TV에서 이재명 씨가 자기 형 이재선 씨를 비난하는 내용의 인터뷰를 보게 되었는데, 자기 형을 비난할 수는 있지만 저렇게 뻔뻔스럽게 비난하는 것은 너무나 비인간적이란 생각이 들었다. 그래서 자기 형수 욕하는 동영상 유튜브를 찾아보게 되었다.

입에 담을 수 없는 욕설도 문제지만 그것보다는 '이재명 씨가 정신적으로 문제가 있는 사람이구나' 하는 생각을 하게 되었다. 꼭 같은 욕설과 꼭 같은 말을 2,3분 간격으로 반복해서 여러 차례 했기 때문이다. 나이도 들 만큼 들었고 성남시장이란 고위 공직을 맡고 있는 사람이 자기 형수에게 그런 쌍욕을 여러 차례 반복해서 하는 것도 문제지만, 꼭 같은 쌍욕을 2,3분마다 계속해서 하는 것을 보면서 '저 사람은 정신적으로 문제가 있구나' 하는 생각이 들어 '저 사람 안 되겠다' 싶었다.

그런데 내가 결정적으로 이재명 씨를 안 좋게 생각한 것은 그가 기본소득 100만원 지급을 제안한 것 때문이었다. 그가 기본소득 100만원을 제안했을 때 한 달에 100만원 씩 지급하자는 것인 줄 알고 있었는데, 그것이 아니었다. 1년에 100만원을 지급하자는 것이었다. 그러니까 한 달에 8만3천원이다. '기본소득'이란 이름으로 국민을 농락하는 것이었고, 전형적인 포퓰리즘으로 국민사기극이었다. 사회보장제도가 더없이 중요한 터에 이재명 씨는 사회보장제도에 대한 바른 인식이 없는 것은 물론 진지한 고민도 하지 않는 사람으로 보였다. 사회보장제도의 확립이 무엇보다 중요하다고 보는 나로서는 사회보장제도에 대한 지식도 고민도 없이 오직 이것을 포퓰리즘 곧 득표전략으로만 활용하려는 사람은 절대로 대통령이 되어서는 안 된다고 본 것이다.

자기 어머니도 배려 못하는 사람이 남을 배려하겠나

그런데 마침 나는 이재명 씨가 대통령선거 출마기자회견을 하는 것을 보게 되었는데, 장소는 자기가 어릴 때 일하러 다닌 공장이었다. 자신의 인생역정을 드러내는 상징적 의미가 있었다. 그런데 이날 자기 어머니와 형제들을 기자회견장에 나와 있게 했다. 자기 어머니와 형제들이 자기 편에 서 있는 것을 보여줌으로써 자기 형과의 다툼, 그리고 자기 형수에 대한 쌍욕이 자기 잘못 때문이 아님을 보여주기 위한 것으로 보였다.

이래서야 되겠는가 싶었다. 형제의 다툼에 자기 어머니를 끌어들이는 것이 너무나 가슴이 아팠다. 어렵게, 정말로 어렵게 자식들을 키워 회계사도 만들고 변호사도 만들어 또 성남시장도 만들었는데, 형제의 다툼이, 참으로 인간 이하의 형제 다툼이 세간에 물의를 일으키고 있는 때에 어머니가 동생 편이든 형 편이든 편들고 싶겠는가? 그런 어머니를 기자회견장까지 끌고(모시고) 나와서야 되겠는가? '이재명 씨 너무 비인간적이구나' 싶었다. '자기 어머니의 아픈 마음도 헤아리지 못하는 사람이 어떻게 남을 배려할 수 있을까'도 싶었다.

이재명 대표가 대통령이 되어서는 안 될 이유는 너무나 차고 넘치지만 중요한 몇 가지 이유를 밝혀둔다.

무엇보다 이재명 대표는 목표를 위해서는 수단과 방법을 가리지 않는 사악한 사람이기 때문이다. 너무나 비인간적이었다. 그 목표라는 것이 국리민복을 위한 것이 아니라 자신의 탐욕과 출세를 위한 것인데도 말이다. 비록 미수에 그치긴 했지만 자기의 출세를 위해 자기 형을 정신병자로 몬 사람이니 더 말해서 무엇하겠는가?(마침 이것은 이재명 씨 부인과 이재명 씨 질녀 사이의 통화에서 이재명 씨 부인이 한 말로 확인된 바 있다.)

공직을 이용해 사익을 추구하는 사람은 공직을 맡지 말아야

이재명 씨 관련 다른 사건들도 마찬가지다. 그가 내놓는 정책도 문제가 많지만 정책보다 그의 성품과 행태가 너무나 비인간적이어서 저런 사람이 대통령은커녕 고위공직을 맡아서는 안 되겠다는 생각을 강하게 하게 된다.

'대장동 게이트'의 경우 이재명 대표는 대장동 주택공영개발사업으로 5503억원을 벌어 성남시민의 몫이 되게 했다고 주장했으나, 이와 관련한 여러 배임 특혜와는 별개로 공영개발사업으로 이렇게 많은 돈을 번다는 것 자체가 공직자가 해서는 안 되는 짓인 줄을 이재명 대표는 모르고 있었다. 성남시가 이렇게 많은 돈을 벌 수 있었던 것은 기본적으로 시장의 인허가권을 활용한 것인데, 인허가권으로 이렇게 많은 돈을 벌면 안 된다. 인가와 허가의 조건이 충족되면 인가하거나 허가하는 것이 맞지 그것을 이용하여 돈을 요구하는 것은 옳지 않기 때문이다.

근본적으로 공공기관이 돈을 벌기 위해 공영개발을 해서는 안 된다. 주민의 복리를 위해 공영개발을 하는 것이다. 그래서 공영개발로 돈을 번 것을 자랑할 일이 아님은 물론이다.

도시개발법이 제정된 이후 근 20년간 얻은 이익의 총액이 약 1700억 가까이 된다는데, 이것이 정상이다. 돈을 벌기 위해 공영개발을 한 것이 아니라 하다 보니까 일정한 액수의 돈이 남은 것으로 보아야 한다.

대장동 주택개발의 경우 이렇게나 많은 돈을 벌 수 있었던 것은 땅 평당 시세가 500만원 정도 되었을 때 공영개발을 이유로 300만원에 매입하고 그것을 분양할 때는 1600만원 내지 1900만원에 분양했다. 대장동 일대의 토지소유주들이 엄청난 손해를 본 것이다. 또 이 아파트를 분양 받은 사람들도 비싸게 아파트를 분양받을 수밖에 없었다. 주민들을 위한 공영개발이 주민들에게 엄청난 불이익을 안기는 공영개발이 된 것이다.

그런데 이것만도 아니다. 이재명 당시 성남시장이 설계하고 지시하고 감독했다는 대장동 사업에서 김만배, 남욱, 정영학 등이 2021년 현재까지 8500억원의 이익을 챙기도록 했다. 투자금에 비해 그들이 받은 배당금은 그저 놀라울 뿐이다.

필자가 2021년 10월 알아본 바로는 김만배 일당이 챙긴 이익은 이렇다. 천화동인 1호 김만배는 1억466만원 투자로 1208억원 배당, 천화동인 2호 김만배 부인은 1억원 이상 투자로 1500억원 정도 배당 추측, 천화동인 3호 김만배 누나(김명옥)는 872만원 투자로 101억원 배당받아 목동 단독주택 2채와 윤석열의 아버지 집등 매입, 천화동인 4호 남욱은 8721만원 투자로 1007억원 배당, 천화동인 5호 정영학은 5581만원 투자로 644억원 배당, 천화동인 6호의 실소유주 조우형은 282억원 배당, 천화동인 7호 김만배의 언론사 동료 배 모는 1046만원 투자로 120억원 배당받았다고 한다. 2021년 이후에도 분양이익을 챙길 수 있었기 때문에 이들이 챙긴 이익은 이보다 훨씬 더 많을 것이다.

이재명 시장은 초과이익환수 조항을 약정서에 넣지 말라고까지 지시하면서 이들에게 수천원의 이익을 챙기게 해 주었는데, 이것을 김만배 일당에게 준 '특혜'라고만 말할 수 있겠는가? 김만배와 공모로 이렇게 했다고 보는 것이 상식 아니겠는가?

김만배 등에게 수천억원 특혜를 안겨주고도 한푼도 안 챙겼을까

이런 터에 이재명 대표가 '나는 돈 한 푼 먹지 않았다'고 말하는 것을 믿을 수 있겠는가? 자기는 왜 돈 한 푼 먹지 않으면서 김만배 등에게 이렇게나 많은 이익을 안겼는가? 이런 사람이 대통령이 되면 되겠는가?

그런데 상식적으로 이재명 대표가 이 사건으로 엄청난 이익을 챙겼을 것 같은데도 왜 챙긴 돈이 드러나지 않았을까? 검찰이 이 부분을 조사하지 않았기 때문이다. 이런 사건이 터지면 무엇보다 자금의 행방을 추적해봐야 하는데 검찰은 이것을 하지 않았다. 심지어 은행감독원이 김만배 관련 자금의 행방을 추적한 바 김만배는 화천대유로부터 473억원을 빌렸다고 했으나, 이것은 횡령 및 배임 가능성이 있다고 보고 경찰에 통보한 바 있다. 그래서 경찰청에서는 이것을 김만배의 주소지가 있는 남대문 경찰서에 이첩했다는데, 지금까지 그것에 대해 아무 말이 없다. 검찰이든 경찰이든 '대장동 게이트' 관련 자금의 흐름을 조사할 생각이 없는 것이다. 이재명 관련 사건이기 때문이기도 하지만 윤석열, 박영수 등도 관련되어 있기 때문일 가능성이 대단히 크다.

법인카드 문제도 마찬가지다. 성남시장 내지 경기도지사라는 고위공직에 있는 사람이 어쩌다 공무 이외로 법인카드를 쓰는 일은 혹 있을 수 있지만 일상적으로 그것도 부인까지 쓰게 하는 것은 있을 수 없는 일이다. 혹 휴일이라 법인카드를 쓸 수 없는 날에는 현금으로 지불하고 다음날 법인카드로 대체하기까지 했다. 법인카드를 쓰는 데 동원된 배 모씨는 성남지원 옆에 4층짜리 건물을 하나 구입했는데, 이를 두고 이재명 대표가 퇴임하면 변호사 사무실로 쓰려고 배 모 씨 명의로 구입해둔 게 아닐까 하고 추측하는 사람들이 많다. 그럴 듯한 추측이 아닐 수 없다. 왜냐하면 배 모 씨는 본래 재산이 별로 없는 사람이어서 자신의 돈으로는 그런 건물을 구입할 수 없었을 것이어서 말이다. 그런 데다 배 모 씨의 지인이 자살까지 했으니 이들을 둘러싼 부정행각이 얼마나 심각했는지를 알 수 있다. 이런 사람이 대통령이 되면 되겠는가?

경기도 대북사업을 이재명 지사가 몰랐다는 게 말이 되는가

최근에 이화영 경기도 부지사가 뇌물 및 대북송금 사건으로 징역 9년6개월을 선고받았다. 800만달러의 대북송금 가운데

500만달러는 경기도의 북한 스마트팜 지원사업비이고 나머지 300만달러는 이재명 대표의 방북비였다는 것이다. 이에 대해 이재명 대표는 이러한 사실을 자신에게 보고하지 않고 처리했다는 것이다. 그래서 자기에게 보고도 하지 않고 처리한 일을 그래서 자기는 모르는 일을 가지고 검찰이 자기를 기소했다고 창작 운운하며 온갖 난리를 치고 있다. 경기도의 대북사업, 그리고 이재명 지사의 방북비를 이재명 지사가 모르게 지불했다는 것이 말이 되는가? 도대체 부인할 것이 따로 있지 너무나 자명한 사실을 부인하면 되겠는가? 이거야말로 손바닥으로 하늘을 가리는 일이 아니고 무엇이겠는가?

검찰은 이 사건이 드러났을 때 즉각 이재명 대표를 소환해서 구속수사 했어야 하는데, 이렇게 하지 않고 있다가 지금에 와서 기소를 하니 이렇게 말도 되지 않는 소리로 부인하는 것이다. 경기도의 대북사업을, 그리고 이재명 도지사의 방북 비용을 이재명 도지사에게 보고하지 않고 처리한다면 경기도는 난장판 아닌가? 난장판이 된 책임은 경기도지사인 이재명에게 있는 것이 아닌가? 이재명이 그렇게나 무능하고 무책임한 사람인가? 만에 하나 이화영 부지사가 이재명 지사에게 그러한 사실을 보고도 하지 않고 독단으로 처리했다면 이재명은 경기도지사 자격이 없음은 물론 당 대표나 대통령이 될 자격 또한 없는 것 아닌가? 경기도를 어떻게 운영했으면 부지사가 그처럼 중요한 사업을 도지사에게 보고도 않고 처리한다는 말인가?

사실 이 사업은 이화영 부지사가 이재명 지사에게 '보고'하고 처리할 일이 아니다. 이재명 지사의 '지시'에 의해 처리할 일이기 때문이다.

그런데도 이재명 대표는 '소설 창작' 운운하며 민주당까지 총동원해서 부인하고 있다. 이런 사람의 말을 어떻게 믿을 수 있겠는가? 그러니 이런 사람이 대통령이 되는 것은 결코 용납할 수 없다.

물론 이재명 씨는 이른바 사법리스크 곧 중대 범죄혐의와 거짓말 등으로 대통령이 되는 일은 없겠지만, 만에 하나 대통령이 된다면 독재자가 될 것이 틀림없다. 포퓰리즘은 독재자가 되는 강력한 수단인데, 이재명 씨는 포퓰리즘이 몸에 벤 사람이기 때문이다. '국민 기본소득 1년 100만원 지급 공약', '경기도 거주 24세 청년에게 청년기본소득 1년 100만원 지급', '경기도 17개 시군 농민에게 농민기본소득 매월 5만원 지급' 등의 기본소득 시리즈를 내놓았는데, 기본소득의 개념에도 부합하지도 않는, 그야말로 득표를 위한 포퓰리즘 정책일 뿐이다. '기본소득'이 되려면 다음과 같은 요건, 곧 보편성, 무조건성, 개별성, 정기성, 현금성, 충분성을 갖추어야 하는데, 이재명 표 기본소득은 이러한 기본소득의 요건을 전혀 갖추지 못한 국민현혹용 포퓰리즘이기 때문이다.

이재명이 대통령이 된다면 반드시 독재자가 될 것이다

그런데 앞으로 양극화가 더 심해질 것 같은데, 이런 때는 포퓰리즘이 더욱더 잘 먹혀들게 되어 있다. 이재명이 대통령이 된다면 포퓰리즘이 잘 먹혀드는 이런 사회분위기를 활용하여 독재자가 될 것이 틀림없고, 포퓰리즘의 남용으로 인한 과도한 국가채무와 극심한 인플레로 남미의 베네수엘라나 아르헨티나처럼 국가경제가 파탄날 가능성이 대단히 크다.

더욱이 이재명이 대통령이 된다면 그의 정적이었거나 그에게 한 번이라도 위협적이었거나 밉보였던 정치인은 반드시 제거되거나 심한 핍박을 받을 것이다. 문재인 전 대통령과 윤석열 대통령은 당연히 여기에 포함될 것이다.

국가경제를 파탄으로 내몰 사람, 지난날 정적이었다는 이유만으로 정치보복을 하는 사람, 이런 사람은 절대로 대통령이 되어서는 안 된다.

그러면 윤석열도 물러나야 한다고 하고 이재명도 대통령이 되어서는 안 된다고 한다면 그러면 누가 대통령이 되어야 하는가라는 반문이 있을 수 있다. 선거 전 5.6개월 정도의 기간에 새로운 인물을 발굴해내야 한다. 또 등장하게 되어 있다. 그리고 국민의 '집단지성'을 믿어야 한다. 국민 개개인은 이기적이고 무지한 것 같이 보이지만 국민 전체의 의사를 결집하면 그 과정에서 올바른 판단이 나올 수 있다. 역대 전국 선거가 그 나름으로 시대적 요구를 반영한 탁월한 선택이었던 것은 이러한 이유에서다.

이재명 씨는 사악한 사람이어서 대통령이 돼서는 안 된다

이재명 씨는 여러 잘못을 저질렀지만 그 잘못들보다 근본적으로 그의 품성이 너무나 '사악한' 것이 문제다. 누구나 잘못을 저지를 수 있다. 또 그것을 숨기려 할 수도 있다. 그러나 그것이 어떤 이유로든 드러났으면 시인하고 반성하는 것이 옳고, 적어도 자숙이라도 해야 한다. 그리고 부끄러워서도 공직을 그만두고 앞으로는 공직에 나설 생각을 하지 말아야 한다. 이재명 씨는 부끄러움을 모르는 사람이다. 맹자는 '수오지심 의지단야 무수오지심 비인야(羞惡之心 義之端也, 無羞惡之心 非人也)'라 했다. 자신의 잘못을 부끄러워하는 마음이야말로 세상의 옳고 그름을 판단하는 정의감의 기본이며, 자신의 잘못을 부끄러워하는 마음이 없으면 사람이라 할 수 없다는 뜻이다. 이재명 씨는 자신의 어떤 잘못에 대해서도 부끄러워할 줄 모르니 정의감이 있을 턱이 없고, 또 자신의 잘못을 부끄러워하는 마음이 없으니 인간이라 할 수 없다. 자신의 잘못을 부끄러워하기는커녕 거꾸로 검찰을 협박하고 정부를 비난하면서 지지대중을 동원하여 반정부투쟁을 전개하고 있으니 이런 사람이 대통령이 되면 나라가 어떻게 되겠는가? 절대로 되어서는 안 된다!

조국 씨도 마찬가지다. 조국 씨 부부가 범한 잘못, 누구나 그런 잘못을 범할 수 있다고 생각한다. 그러나 잘못이 드러났으면 부끄러워하면서 반성하는 자세를 취했어야 한다. '부모의 마음으로 자식을 위한답시고 그런 잘못을 저질렀는데 깊이 반성한다. 더욱이 지난날 내가 말했던 것과 다른 행동을 하게 되어 더욱더 국민여러분께서 실망하고 분노하실 것 같아 정말 죄송하게 생각한다. 법무부장관직을 사퇴하고 자성하면서 살겠다'라고 말했으면 누가 더 이상 조국 씨 부부를 비난했겠는가? 아마 교도소에 갈 일도 없었을 것이다.

그런데 이렇게 하기는커녕 역시 지지대중을 끌어모아 '검찰개혁 조국수호'를 외치게 하면서 국민을 완전히 양쪽으로 갈라쳐 대립하게 했다. 물론 문재인 대통령의 뜻에 따른 무반성과 대중선동이었지만, 그렇다고 해서 조국 씨의 죄가 경감되는 것은 아니다. 문재인 대통령으로부터 크게 신임받은 참모라면 나라와 국민을 위해서는 물론 문재인 대통령을 위해서라도 문재인 대통령의 그런 지원을 사양하고 반성하면서 자중했어야 하는 것 아닌가?

아무튼 이재명, 조국 같이 사악한 자들이 대한민국의 대통령이 되는 것은 반드시 막아야 하고, 이러려면 이들을 방치 내지 보호하는 윤석열 대통령을 먼저 물러나게 해야 한다!

제4장

북한정권의 위기와 민족통일

1
북한은 남한과의 대화와 교류를 바랄까?

흔히 남북관계의 악화 책임이 남한 쪽에 있는 것처럼 생각하는 사람들이 많다. 특히 민주당과 그 지지자들이 그렇게 생각하지만 보수 성향의 국민의힘과 그 지지자들도 그렇게 생각하는 경우가 대단히 많다. 그래서 민주당과 그 지지자들은 이명박 박근혜 정부 10년 동안의 대북 강경책 때문에 남북관계가 파탄났다고 주장한다. 이에 대해 이명박 박근혜 정부 인사들조차 대체로 동조하는 것으로 볼 수 있다.

과연 그럴까? 전혀 그렇지 않다. 문재인 정부 때도 북한이 남한과의 대화와 교류에 응하지 않았다. 다만 문재인 정부가 들어서고 남북정상회담이 3차례나 열리고 남북한 사이의 왕래가 여러 차례 있었으니 문재인 정부 때는 대화와 교류가 활발하게 전개된 것처럼 볼 만한 하지만, 문재인 정부 때 북한이 남한과의 대화와 교류를 여러 차례 한 것은 다른 불가피한 이유가 있었기 때문임을 알아야 한다.

2017년 5월 10일 문재인 대통령이 취임했는데, 2017년 말까지 북한은 남한에 대해 눈짓 한번 주지 않았다. 오히려 핵실험(2017년 9월 3일)을 하고 대륙간 탄도 미사일을 발사했을 뿐이다. 남북관계를 개선할 의사는 추호도 없었다.

그러던 중 김정은 위원장이 2018년 1월 신년사에서 남북관계 개선 의지와 함께 평창 동계올림픽 참여의 뜻을 밝히면서 남북한 사이에 대화와 교류가 있었다. 김정은 위원장은 왜 이렇게 했을까? 남북관계 개선의 의지가 있어서 그랬을까? 전혀 아니다. 그러면 왜 그렇게 했을까?

2017년 11월경부터 미국의 트럼프 대통령이 머지않아, 심지어 2018년 3월 31일에 북한 핵시설을 폭격할 것이라는 말이 떠돌았다. 트럼프는 능히 그렇게 할 사람으로 인식되었다. 김정은 위원장으로서는 겁을 내지 않을 수 없었고, 그래서 탈출구를 모색하지 않을 수 없었다. 트럼프를 설득해서 그런 일이 없도록 해야 하겠다고 생각했다. 트럼프로 하여금 그렇게 하지 않도록 설득할 비장의 무기도 나름대로 생각해두고 있었다.

그런데 트럼프를 설득하기 위해서는 북미회담이 열려야 하고, 이를 위해서는 남북관계를 개선할 필요가 있었다. 김정은은 남한 정부에 대북특사 파견을 요청했다. 그래서 2018년 3월 5일 정의용 안보실장과 서훈 국정원장이 대통령 특자 자격으로 북한을 방문했는데, 이때 김정은 위원장은 이들을 만나 북한이 핵무기를 폐기할 의사가 있음을 시사하면서 이런 뜻을 미국 트럼프 대통령에게 전해달라고 부탁하고는 트럼프 대통령에게 보내는 메시지를 주었다. 정의용 실장은 3월 8일 워싱턴에 가서 트럼프 대통령을 만나 북한이 핵무기를 포기할 의사가 있어 보인다는 뜻을 전하면서 김정은의 메지지를 전했다. 이 자리에서 트럼프 대통령이 북미회담을 하겠다는 뜻을 밝혀 북미회담이 개최되었다.(그래서 그해 6월 12일 싱가폴에서 북미정상회담이 열렸는데, 이 회담에서 북한과 미국의 합의사항에 '한반도의 완전한 비핵화'란 말만 들어 있었을 뿐 '북한 핵폐기'는 들어 있지 않았다. 그럼에도 불구하고 한국도 미국도 그것을 지적하지 못했다. 트럼프 대통령이 미국 국민과 한국 및 전 세계를 교묘하게 속였던 것이다. 이와 관련해서는 다른 글에서 밝히고자 한다.)

그러니까 북한의 김정은 위원장이 남북대화에 나선 것은 남한과의 관계를 개선하기 위해서가 아니라 트럼프로부터 한 방 얻어맞을 것을 우려해서 였다. 북미회담이 끝나다시피 한 2019년 3월부터 북한이 취한 태도를 보면 이를 알 수 있다.

2019년 2월 27일과 28일 이틀에 걸쳐 하노이에서 제2차 북미회담이 열렸다. 일반적으로 회담이 결렬된 것으로 이해되고 있으나 사실은 트럼프 대통령이 북한의 핵무기 보유를 용인하고 넘어가겠다는 뜻을 밝힌 것이었다. 어차피 북한의 핵무기 보유를 용인하기로 한 마당에 쓸모없게 된 핵 실험장 폐기를 요구할 필요가 없었던 것이다. 그래서 회담이 결렬된 것처럼 보이게 하면서 회담을 중단하고 미국으로 돌아와 버렸다. 김정은이 바보가 아닌 이상 트럼프의 이런 뜻을 모를 리 없었다.

김정은 위원장의 바람은 실현되었다. 더 이상 북한 핵 문제 해결을 위한 북미회담이 필요치 않았고, 그래서 남한과 대화와 교류를 할 필요가 없어졌다.

그래서 하노이 회담 직후 북한은 남북한 연락사무소의 인원을 반으로 줄이고, 이어서 남북연락사무소 건물을 불태워 없앴다. 더 이상 남북한 사이에 대화와 교류를 할 의사가 없음을 상징적으로 보여주었다. 그 후 남한과 북한 사이에 의미 있는 대화나 교류는 한 번도 없었다. 문재인 정부라고 해서 북한이 대화와 교류에 응한 것이 아님이 판명되었다.

이것을 모르고 문재인 정부가 계속 스토킹 차원의 짝사랑을 하면서 대화와 대북지원을 제안하니까 돌아온 것은 '바보 멍청이'라든가 '겁먹은 개가 요란하게 짓는다', '삶은 소대가리가 앙천대소할 일'이라는 모욕과 조롱이었다. 더욱이 북한에 대화를 구걸하기 위해서 해수부 공무원의 조난사고를 월북으로 조작하는가 하면, 남한으로 귀순한 북한 어민 두 사람을 강제 북송하는 만행을 저지르기도 했다. 그렇게 해도 북한이 남한과의 대화와 교류에 응하지 않으리라는 것을 문재인 정부는 몰랐던 것이다. 북한 짝사랑이 너무 심해서 사리를 분별하지 못한 것이다.

이처럼 북한은 남한의 어떤 정권이든 남한과의 대화와 교류에 응할 생각이 없었다. 김대중 정부 때 남한과의 대화와 교류에 응하고 또 남북 정상회담을 한 것은 김대중 대통령이 남북정상회담을 하기 위해 북한에 4억5천만 달러의 돈을 주었기 때문이었다. 김대중 정부 때도 남북한 사이의 대화와 교류로 북한의 대남 경각심이 약화된다 싶을 때는 서해교전 사건 같은 것을 일으켜 남북긴장을 조성하곤 했다.

그런데 북한은 남북한 사이의 대화와 교류를 기피하면서도 그 원인과 책임을 남한 쪽에 떠넘기는 수법을 계속해서 써왔다. 남한은 번번이 그 수법에 놀아났다. 금강산 관광 중단, 개성공단 조업 중단 등이 모두 북한 정권의 의도된 행위임에도 불구하고 그 원인과 책임이 남한 쪽에 있는 것처럼 연극을 꾸몄고, 멍청한 남한 정부는 언제나 여기에 들러리를 써주었다. 진보정권도 보수정권도 마찬가지였다. 특히 진보 연하는 지식인들과 시민운동 단체들이 북한의 그러한 의도에 맞장구를 쳐 주었다.

소위 진보 지식인들과 시민운동가은 남북관계 파탄의 책임이 남한 정부에 있는 것처럼 선전하는 데 여념이 없었다. 6.15공동선언이나 10.4합의사항을 지키지 않는 쪽은 북한임에도 불구하고, 남한 정부를 향해 6.15공동선언이나 10.4합의사항을 이행하라고 요구해왔다. 이러니 북한은 더욱더 남한과의 대화와 교류에 응하지 않게 된다. 남한의 진보는 진보대로 보수는 보수대로 북한의 속임수에 놀아나지 핵무기를 머리에 이고 살고 살게 된다. 대오각성이 있어야 하겠다!

2
김정은 위원장의 대남 적대선언과 올바른 대처방안

2024년 초 북한의 김정은 위원장은 남한을 '통일 내지 협력의 대상이 아니라 '제1의 적대국, 불변의 주적'이란 점을 헌법에 명기하고 '평화통일' 등의 표현도 삭제할 뜻을 밝혔다. 그리고 '전쟁이 일어나는 경우에는 대한민국을 완전히 점령·평정·수복하고 공화국 영역에 편입시키는 것을 헌법에 반영할' 뜻도 밝혔다. 그러면서 '북과 남을 동족으로 오도하는 잔재적인 낱말들' 예컨대 헌법에 있는 '북반부, 자주, 평화통일, 민족대단결' 등을 삭제할 뜻도 밝혔다.

그러니까 남한과 북한은 '더이상 동족 관계, 동질 관계가 아닌 적대적인 두 국가, 전쟁 중에 있는 두 교전국 관계로 완전히 고착'되었다고 밝힘으로써, 남한과 북한은 두 개의 독립된 국가로 통일의 대상이 될 수 없다고 주장했다. 북한 인민들에게 '민족통일'은 꿈도 꾸지 말라는 것이다.

북한 김정은 위원장은 왜 이런 반통일적 태도를 취할까? 김정은 위원장이 이렇게 하는 것은 북한 인민의 통일 염원 때문에 김정은 정권이 붕괴될 상황에 직면했음을 말해준다.

이럴진대 남한 정부는 어떻게 대응해야 할까?

우선 북한 김정은 위원장의 대남위협이 크다고 해서 남한이 대북강경책을 발표하는 것은 옳지 않다. 남한 정부가 대북강경책을 발표하는 것이야말로 북한 김정은 위원장이 바라는 바이기 때문이다.

오히려 이렇게 대응해야 한다.

"북한 김정은 위원장은 남북관계를 '동족관계, 동질관계도 아닌 전쟁 중에 있는 두 교전국 관계'라고 규정했는데, 이것은 민족통일을 반대하는 반민족적, 반통일적 태도로 비난받아 마땅하다. 그리고 김정은 위원장이 이런 반통일적 태도를 보이는 것은 북한 인민의 민족통일 열망이 너무나 강렬해서 이를 통제하기 어렵게 되었음을 말해주는 것인데, 북한 인민의 이런 민족통일 열망을 억압하는 것은 옳지 않다.

그래서 남북이 분단되어 서로 소모적 대결 상태에 있을 것이 아니라 지금이라도 민족통일을 적극 추진하는 것이 옳다. 특히 빈곤과 공포에 시달리고 있는 북한 동포를 구출하기 위해서도 민족통일을 하루빨리 이루어야 한다.

민족통일을 이루기 위해서는 해야 할 일이 많지만 무엇보다 중요한 것은 남북의 최고권력자가 만나는 것이다. 그래서 남한 정부는 북한의 김정은 위원장에게 민족통일을 위한 남북정상회담을 개최할 것을 제안한다"고 말이다.

김정은 위원장의 단말마적 태도로 보아 북한 정권의 붕괴가 임박했음을 알 수 있고, 그렇기 때문에 남한 정부는 민족통일을 적극 추진해야 한다. 민족통일이 국정운영의 최우선과제가 되어야 한다.(통일정책에 대해서는 별도로 밝힐 것이다.)

민족통일을 적극 추진할 경우 김정은 정권은 엄청난 대남협박을 할 것이기 때문에 이에 대처할 수 있도록 군사력을 강화해야 한다. 대북강경발언이 아니라 대북군사력을 실질적으로 강화하는 것이 옳다. 무엇보다 남한도 최대한 빨리 핵무기를 보유해야 한다.

3

트럼프 대통령은 왜 북한의 핵무기 보유를 용인했을까?

* 이 글은 2019년 말 트럼프가 집권하고 있을 때 쓴 글로서, 필자가 보기에 트럼프 대통령은 북한의 핵무기 보유를 용인하고 있는데도 그렇지 않다고 보는 사람들이 대단히 많아, 이를 바로 잡아 주고자 하는 뜻에서 쓴 글이다. 그래서 왜 트럼프 대통령이 북한의 핵무기 보유를 용인하고 있다고 보는지 그 이유를 밝히고자 했다.

2024년에 접어든 지금 북한의 핵무기 보유를 용인했던 트럼프가 다시 집권할 가능성마저 있어 지난날 트럼프 대통령은 왜 북한의 핵무기 보유를 용인하려 했는지를 아는 것은 대단히 중요하다.

다만 독자의 편의를 위해 시대상황의 변화를 감안해 몇 군데 수정한 곳이 있음을 밝혀둔다.

1) 북한의 핵무기 보유에 대한 트럼프 대통령의 입장 변화

트럼프는 임기 초 북한의 핵무기 보유에 대해 초강경이었다. 자기는 이전 대통령들과는 다를 것이라고 공언하면서 북한이 핵무기를 폐기하지 않으면 북폭이라도 해서 폐기하겠다는 뜻을 밝혀왔다. 특히 2017년 가을에는 다음 해인 2018년 3월경 북폭이 있을 거란 소문이 공공연하게 떠돌았다.

그래서 김정은은 미국에 의한 폭격을 당하지 않을 길을 찾아야 했다. 마침 남한에서 평창동계올림픽이 열리고 있어 이를 계기로 남한을 활용해서 트럼프 대통령과의 북미정상회담을 갖고서 트럼프 대통령을 설득할 '회심의 카드'를 준비해두고 있었다.

김정은은 남한의 문재인 정부에 대북특사를 보내줄 것을 요청했고, 문재인 대통령은 정의용 안보실장과 서훈 국정원장을 대통령 특사로 북한으로 보냈다. 2018년 3월 6일 김정은은 정의용 실장과 서훈 국정원장을 만나 핵무기를 포기할 의사가 있음을 시사하면서, 트럼프 대통령에게 이런 뜻을 전하면서 북미정상회담이 열릴 수 있도록 노력해 달라고 부탁했다.

정의용 실장은 3월 8일 곧바로 미국으로 가서 트럼프 대통령을 만나 이런 뜻을 전했는데, 트럼프는 그 자리에서 북미정상회담을 하겠다고 발표했다. 한국과 미국은 물론이고 전 세계에서 대대적으로 보도되었다. '역사적인 회담'이란 말이 넘쳐났음은 물론이다.

정의용 실장은 트럼프 대통령을 면담한 후 기자들에게 "김정은 위원장이 트럼프 대통령에게 '개인적으로(personally) 할 말이 있다'고 해서 그 말도 전했다"고 밝혔다. '개인적으로' 하고자 한 말이 대단히 중요했는데, 정 실장도 그 내용을 밝히지는 않았고, 트럼프 대통령도 그 말이 무슨 뜻을 담고 있는지를 제대로 이해하지 못했다. 그 말이 엄청나게 중요한데도 말이다.

2) 트럼프의 강경파 등용과 김정은의 중국 방문

트럼프는 북미정상회담을 하겠다고 발표한 바로 다음 날인 3월 9일(2018년) 온건 대화파로 알려진 틸러슨 국무장관을 해임하고 강경파 폼페이오(CIA국장)를 국무장관에 임명했다. 그리고 그 다음 날 역시 온건 대화파로 알려진 맥매스터 안보보좌관을 초강경파 볼턴으로 바꾸었다.

김정은은 북미정상회담을 하면 트럼프에게 개인적으로(personally) 말하려고 했던 것 곧 '회심의 카드'를 내밀어 북한의 핵무기 보유를 용인받을 수 있으리라고 보았는데, 트럼프의 강경파 등용을 보고서 북미정상회담을 해보았자 북한의 핵무기 보유를 인정받지 못할 것 같은 생각이 들었다. 핵무기를 포기하겠다고 하지 않는 한 트럼프는 계속해서 북폭을 위협할 것 같았고, 실제로 북폭할 가능성도 있었다.

이런 상황에서는 중국의 도움이 필요할 것 같았다. 그래서 김정은은 중국의 시진핑 주석에게 중국 방문을 제안했다. 시진핑으로서는 대환영이었다. 북핵문제와 관련하여 중국이 배제되어 있던 상황에서 북한이 스스로 중국에 도움을 청하니 더없이 반가운 일이었다.

그래서 3월 27일 김정은은 비밀리에 중국을 방문했는데, 극진한 대접을 받으면서 중국과의 '혈맹관계'를 재확인하게 되었다. 시신핑과 김정은이 권력을 잡고서 6년 동안 정상회담 한번 하지 않을 정도로 관계가 좋지 않았었는데도, 미국이 북한을 미국 편으로 끌어들이려 하니 중국으로서는 북한을 끌어안을 수밖에 없어 김정은을 초청해서 중정상회담을 갖게 되었다. 그리고 김정은은 5월 7일 다시 중국으로 가서 시진핑 주석과 제2차 북중정상회담을 가졌다.

이러한 모습을 본 트럼프 대통령의 대북한 자세는 더 강경해졌다.

3) 북미정상회담의 무산 가능성

트럼프로서는 김정은의 이런 행보를 내버려 둘 수가 없었다. 그래서 트럼프는 북미정상회담이 안 열릴 수도 있다고 위협했고, 이것은 더 큰 대북제재와 북폭으로 나타날 수 있었다. 김정은은 다급했다. 그래서 남한의 문재인 정부에 SOS를 쳤다. 문재인 대통령으로 하여금 김정은 위원장은 핵무기를 포기할 의사가 있음을 트럼프 대통령에게 전달하게 하고 싶었다.

그래서 5월 26일 판문점에서 약식으로 제2차 남북정싱회담이 열렸다. 이 회담에서 문재인 대통령은 김정은 위원장이 핵무기를 포기할 의사가 있음을 확인했다며, 이것을 트럼프 대통령에게 전해서 마침내 6월 12일 싱가포르에서 북미정상회담이 열리게 되었다.

4) 김영철의 미국 방문과 트럼프의 북핵 용인

6월 12일 싱가포르에서 있을 북미정상회담 10일 전인 5월 31일, 김정은 위원장은 김영철 북한 노동당 부위원장을 김정은 위원장의 특사로 트럼프 대통령에게 보냈다. 김영철 부위원장은 워싱턴으로 곧바로 가지 않고 뉴욕으로 갔다. 트럼프 대통령을 만나기 전에 폼페이오 국무장관을 만나기 위해서였다. 김영철 부위원장은 폼페이오 장관을 뉴욕으로 불러내 이렇게 말했다고 본다. “이번 6월 12일 싱가포르에서 조미(북미)정상회담이 열리면 김정은 위원장이 트럼프 대통령에게 이렇게 말씀할 거요. ‘우리 조선(북한)이 지금까지는 중국과 가까이 지내왔으나 앞으로는 중국 편에서 떨어져나와 미국 편에 서겠으니 조선의 핵무기 보유를 용납해주세요’라고 말이오. 그리고 ‘미국의 최대 대외전략이 중국포위전략인 터에 북한이 미국 편에 선다면 이것같이 미국에 좋은 일이 어디 있소’라고 말이오. 이것을 트럼프 대통령에게 전해주시오”라고 말했다고 본다.

폼페이 장관은 이 말을 듣고서 아주 좋은 제안이라고 생각했다. 그래서 그는 곧바로 트럼프 대통령에게 가서 김영철의 이 제안을 전했다. 중국 견제에 노심초사하던 트럼프로서는 김영철의

이 말이 너무나 좋았다. 6월 1일 백악관으로 온 김영철로부터 폼페이가 전해 준 김정은의 제안을 확인하고는 김영철을 크게 환대했다. 심지어 김영철이 백악관을 떠날 때 승용차에까지 따라 나와 전송할 정도였으니, 트럼프가 김정은의 이런 제안을 얼마나 좋아했는지를 알 수 있다.

트럼프 대통령은 김영철 부위원장을 만난 뒤부터 북한 핵문제에 대한 태도가 완전히 달라졌다. 지금까지는 북한의 완전한 비핵화를 주장하면서 이것이 즉시 관철되지 않으면 북폭이라고 할 것처럼 말해왔으나, 이제 싱가포르 북미정상회담은 북핵문제 해결의 시작일 뿐이라고 말하면서 북한의 핵무기 폐기를 주장하는 일이 없었다. 즉 북한의 핵무기 보유를 용인했던 것이다. 중국 포위전략이 미국의 최대 전략인 터에 중국과 접해 있는 북한을 미국의 중국 포위전략에 끌어들이면 이것같이 좋은 일이 없을 것이어서 말이다.

그래서 싱가포르 북미정상회담에서 트럼프 대통령은 북한의 비핵화를 요구한 일이 없이 김정은과의 친밀한 관계만을 과시했다. 만면에 웃음을 띤 채 정원을 함께 거니는가 하면 자신이 평양에 갈 수도 있고 김정은 위원장이 워싱턴에 올 수도 있다고 말할 정도로 화기애애한 분위기였다.

싱가포르 북미정상회담에서 합의된 내용을 보더라도 북한의 비핵화는 없었다. 4가지 합의사항을 발표했는데, 1) 새로운 북미관계의 수립, 2) 한반도의 완전하고도 항구적인 평화체제 수립, 3) '조선민주주의인민공화국은 4.27 판문점 선언을 재확인하며, 한반도의 완전한 비핵화를 향하여 노력할 것을 다짐한다', 4) 미군 유해 송환이었다.

위 3)의 4.27 판문점 선언이란 그해 4월 27일 문재인 대통령과 김정은 위원장이 판문점에서 제1차 남북정상회담을 열고서 발표한 내용인데, 이 당시 남한 기자들이 문재인 대통령에게 판문점 선언에 '왜 북한의 비핵화가 빠졌느냐'고 물었을 때, 문재인 대통령은 답하기를 '그것은 북미회담에서 다룰 것이다'라고 말했다. 싱가포르 북미회담에서는 4.27 판문점 선언에 북한의 비핵화가 이미 포함되어 있는 듯이 말했으나, 4.27 판문점 선언에는 북한의 비핵화가 들어 있지 않았다.

결국 4.27 판문점 선언에서도 싱가포르 북미정상회담에서도 북한의 비핵화는 포함되지 않았다. 더욱이 '한반도의 비핵화'와 '북한의 비핵화'는 전혀 다르다. 한반도의 비핵화는 주한미군 철수, 한국 안의 사드 철수, 미국의 전략자산 한반도 배치 배제, 미국의 핵우산 배제 등을 포함한다. 그런 데다 싱가포르회담에서는 '한반도의 비핵화를 향하여(toward) 노력할 것을 다짐한다'고 되어 있으니, 이런 말은 하나 마나 한 말이었다.

사정이 이런데도 싱가포르 북미정상회담을 두고 '세기의 담판'이니 '역사적 회담'이니 하고 떠들면서 미국과 북한이 '북한의 비핵화'를 합의한 것처럼 선전되었으니, 이것은 너무나 어리석고 부끄러운 일이었다. 전 세계가 싱가포르 북미정상회담에서 북한의 비핵화를 합의한 사실이 없었음을 지적하지 못한 것도 문제지만, 북한 핵 문제의 가장 중요한 당사자인 한국이 이 문제를 제대로 파악하지 못한 것은 보통 부끄러운 일이 아니었다. 그러니까 문재인 정권과 민주당은 물론이고 야당인 자유한국당과 바른미래당 등도 마치 북미정상이 싱가포르에서 북한의 비핵화를 합의한 것처럼 이해하고 있었으니 말이다.

언론도 마찬가지고 국민도 마찬가지였다. 다만 미국에서 일부 언론들이 '트럼프 대통령은 이전 대통령들과는 다를 것이라고 말해왔는데, 다른 것이 무엇이냐' 하는 비판을 쏟아냈다. 그래서 트럼프 대통령은 북한의 비핵화를 위한 후속 회담이 열릴 거라는 말로 이것을 수습하려 했다. 트럼프 대통령으로서는 2020년 11월에 있을 대통령 선거 때까지는 북한의 핵무기 보유를 용인하려 한다는 점을 감출 수밖에 없었다. 미국 국민들로서는 북한의 핵무기 보유를 용납할 수 없는 데다 트럼프 대통령이 북한의 핵무기 폐기를 그토록 강조해놓고서 갑자기 핵무기 보유로 표변하는 것도 용납할 수 없었기 때문이다.

5) 북한 핵무기와 관련한 트럼프 대통령의 구상

트럼프 대통령으로서는 북한이 중국으로부터 떨어져 나와 미국 편에 서기만 한다면 북한이 핵무기를 보유하는 것도 충분히 용납할 수 있었다. 미국의 최대 대외전략이 중국포위전략인 터에 중국과 접해 있는 북한이 미국 편에 선다면 이것은 미국에게 너무나 좋은 일이었기 때문이다. 다만 대륙간 탄도미사일(ICBM)과 잠수함발 탄도미사일(SLBM)만 보유하지 않으면 되었다. 북한의 핵무기 보유는 미국에는 별로 나쁠 것이 없으면서 중국에는 치명적인 위협이 되었기 때문이다.

그래서 트럼프 대통령은 2020년에 있을 대통령 선거에서 당선되면 그때 미국의 국가이익을 위해 북한의 핵무기 보유를 용납하기로 했음을 공표할 마음을 먹고 있었다고 본다. 만약 2020년 대통령 선거에서 트럼프가 재선되었다면 그는 곧바로 북한의 핵무기 보유를 용인한다는 것을 공표하고는 북한과의 관계를 정상화하면서 평양을 방문했을 것이다.

6) 북한비핵화 빠진 싱가포르 북미회담의 기만성과 한국의 대응

앞에서 밝힌 대로 트럼프와 김정은은 싱가포르 북미정상회담에서 북한의 비핵화를 합의한 일이 없고 트럼프 대통령은 오히려 북한의 핵무기 보유를 용인하는 방향으로 가고 있었는데도, 북한 핵무기 위협의 직접적 당사자인 한국에서는 여와 야, 보수와 진보 구분 없이 왜 싱가포르 북미정상회담에서 북한의 비핵화가 합의된 일이 없음을 지적하지 못하고, 오히려 북한의 비핵화에 역사적 진전이 있은 것처럼 호들갑을 떨었는데, 왜 그랬을까?

우선 한국은 여야 구분 없이 트럼프가 싱가포르 북미정상회담에서 김정은 위원장에게 북한의 비핵화를 요구하기는커녕 오히려 북한의 핵무기 보유를 용인하려 했음을 알지 못했다. 여기에다가 한국의 보수세력은 미국의 트럼프 대통령이 한 일이니 어련히 한국을 위해서 했을 것으로 보아 비판하지 않았고, 소위 진보세력(물론 시대착오적 수구진보로서 진보도 아니지만 말이다)은 미국(트럼프)이 북한의 비핵화를 강하게 요구하지 않은 것을 오히려 다행스럽게 생각해서 북미정상회담에서 북한의 비핵화를 합의하지 않았다 하더라도 그것을 비판할 이유가 없었다.

이것이 대한민국의 보수와 진보다. 이러니 어떻게 북한의 비핵화를 이루어낼 수 있겠는가? 북한의 핵무기를 머리에 이고 살아도 어쩔 수 없는 일이다.

싱가포르 북미정상회담 이후 트럼프 대통령은 북한의 핵무기 보유를 용인하는 듯한 발언을 엄청나게 많이 했다. 그런데도 이 나라의 보수세력은 이에 대해 비판 한마디 하지 않았다. 심지어 성조기를 들고 다니며 트럼프 대통령을 열렬히 환영했다. 북한의 핵무기 보유를 절대로 용납할 수 없는 사람들이면서도 말이다.

이 땅의 진보도 엉뚱하기는 마찬가지다. 북한의 핵무기 보유를 미국이 반대하지 않기를 바라온 이 땅의 진보세력으로서는 북한의 핵무기 보유를 용인하는 트럼프 대통령을 좋아해야 할 텐데, 오히려 그의 방한을 반대하는 투쟁을 전개했다. 세상이 어떻게 돌아가는 줄을 모르고 상투적인 반미정서에서 벗어나지 못한 때문이다. 트럼프의 북한 핵무기 용인과 관련해 트럼프를 비난해야 할 보수는 트럼프를 환영하고, 트럼프의 북한의 핵무기 용인과 관련해 트럼프를 환영해야 할 진보는 트럼프를 반대했다. 이것이 이땅의 보수와 진보의 실체다.

7) 싱가포르 북미정상회담 후의 북,미,중의 각축

싱가포르에서의 6.12 북미정상회담에서 김정은 위원장은 트럼프 대통령으로부터 북한의 핵무기 보유를 용인받았다고 하더라도 중국을 외면할 수가 없었다. 급할 때 중국의 도움을 청해놓고서, 북미정상회담에서 미국으로부터 북한의 핵무기 보유를 용인받았다고 해서 금방 중국을 외면한다면 중국으로부터 보복을 당할 수가 있었기 때문이다. 특히 북미정상회담에서 북한이 미국으로부터 핵무기 보유를 용인받은 것은 앞으로 북한이 중국편에서 벗어나 미국 편에 서겠다고 약속한 때문이기에 더욱더 중국이 두려웠다. 중국은 북한정권을 붕괴시킬 수도 있기 때문이다. 그래서 시진핑 주석의 북한방문을 초청해서 9월 9일 북한정권수립기념일에 시진핑이 북한을 방문한다고 발표했다. 북한과 중국의 관계가 여전히 돈독하다는 것을 보여주고 싶었다.

이에 트럼프 대통령은 격노할 수밖에 없었다. 북핵문제가 해결되지 않는 것은 중국 때문이라며, 앞으로 2천억 달러어치의 중국 상품에 25% 관세를 부과할 예정이라고 발표했다. 그리고 김정은에 대해서는 '이전과는 차원이 다른 강력한 제재를 가하겠다'고 발표했다.

중국도 북한도 크게 당황했다. 중국은 결국 시진핑의 9.9절 행사 참석을 포기했고, 북한은 또다시 남한의 문재인 정부에 SOS를 쳤다. 그래서 정의용 실장 등이 방북해서 문재인 대통령과의 제3차 남북정상회담을 평양에서 열기로 했다. 그래서 9월 19일 평양에서 제3차 남북정상회담이 열렸는데, 이때 김정은 위원장은 문재인 대통령에게 비핵화의 의지가 있음을 밝히면서 2021년 1월까지 북한의 비핵화를 마무리 짓겠다고까지 말했다. 트럼프의 환심을 사기 위한 거였다. 또한 폼페이오 장관과 비핵화를 위한 구체적인 협상이 스위스의 제네바에서 열릴 거라고 밝히기도 했다. 이것은 모두 '이전과는 차원이 다른 강력한 제재를 가하겠다'는 트럼프의 위협을 모면하기 위한 거였다.

트럼프로서는 북한의 비핵화를 바란 것은 아니지만 북한의 비핵화를 위한 협상을 할 필요는 있었다. 그렇게 해야 미국 국민들로부터 비난받지 않을 수 있기 때문이었다. 이렇게 해서 일단 북한이 중국과 친밀해지는 것을 막으면서 비록 기만적인 것이긴 하지만 북한과 비핵화 협상을 이어가게 되었다.

요컨대 트럼프로서는 북한이 비핵화를 향해 나아가고 있는 듯한 모습만 취하면 되는 것이지 실제로 북한이 비핵화하기를 바란 것은 아니었다. 트럼프로서는 북한이 중국으로부터 떨어져 나와 미국편에 서면서 핵무기를 보유하는 것을 바랐었다. 이러니 북한의 비핵화를 위한 북미정상회담이나 다른 차원의 북한과의 협상을 서두를 필요가 없었다.

그러면서 트럼프는 2018년 10월부터 기회 있을 때마다 '북핵문제는 잘 풀려가고 있다', '북한과 전쟁을 할 번했는데 이제 전쟁을 걱정할 필요가 없게 되었다', '김정은과 사랑에 빠졌다'는 등의 말을 하면서 제2차 북미정상회담을 계속해서 미루어갔다. 북핵문제가 잘 풀려간다는 말로 미국과 세계를 속일 수 있다면 그것으로 충분했다.

그러나 이런 말로 미국 국민을 계속해서 속이기는 어려웠다. 북한의 비핵화를 위한 회담을 열지 않을 수 없었다. 그래서 2019년 2월 27일과 28일, 하노이에서 제2차 북미정상회담을 갖게 되었다.

8) 하노이에서의 제2차 북미정상회담, '결렬'일까?

2월 27일과 28일에 있은 북한 비핵화 관련 북미정상회담은 '결렬되었다(No Deal)'고 보는 것이 일반적이다. 과연 결렬일까? 결렬이 아니었다. 결렬이 아니라고 보는 이유는 이렇다.

트럼프 대통령으로서는 본래 이 회담을 할 필요가 없었다. 북한의 핵무기 보유를 용인하면서 북한을 미국 편으로 끌어들이려 하는 마당에 굳이 북한의 비핵화를 위한 회담을 할 필요가 없었기 때문이다. 그러나 미국 국민의 정서를 고려해서 이것을 공표하지 않았기 때문에 미국에서는 트럼프 대통령이 북한 핵문제를 왜 해결하지 않느냐는 비난이 거셌다. 그래서 북한 핵문제를 해결하기 위한 북미정상회담을 다시 여는 듯한 모습을 취하지 않을 수 없어 이 회담을 연 거였다.

그래서 2018년 2월 베트남 하노이에서 북미정상회담이 열렸지만 트럼프로서는 이 회담에서 북한의 비핵화를 요구할 생각이 전혀 없었다. 트럼프 대통령은 회담 막바지에 회담 결렬을 선언하고 더이상 북한 쪽과의 만남이 없이 미국행 비행기를 탔는데, 이것은 트럼프다운 트릭이었다. 트럼프로서는 북한이 중국 편에서 떨어져 나와 미국 편에 서는 대신에 북한의 핵무기 보유를 용인해주려고 하는 마당에 굳이 북한의 핵시설을 일부라도 폐기케 할 필요가 없었기 때문이다. 그래서 트럼프 대통령은 마치 이 회담이 결렬된 것처럼 행동했지만, 실질적으로는 북한이 핵무기를 온전히 보유할 수 있게 해주었다.

일반적으로 북한이 영변 핵시설만을 폐기할 뿐 숨겨둔 핵시설이 있었고, 그러면서 경제부문의 제재를 전부 풀어 줄 걸 요구해서 이 회담이 결렬된 것으로 알려졌으나, 그것은 사실이 아니라고 본다.

그래서 한국을 포함한 전 세계가 이 회담을 두고 '스몰딜'이냐 '빅딜'이냐 하는 데 관심이 모아졌다가 결국 '노딜 곧 결렬'로 끝났다고 보았으나, 결렬이 아니었다. 트럼프 대통령이 '노딜 곧 결렬'로 보이게끔 트릭을 썼을 뿐이다.

9) 트럼프는 왜 판문점에서 김정은을 만났을까?

트럼프 대통령은 2019년 6월말 일본에서의 G-20정상회담을 마치고 한국에 오면서 김정은 위원장에게 '깜짝 만남'을 제안해서 6월 30일 판문점에서 김정은 위원장을 만났다. 이 회담을 두고 한국에서는 온갖 호들갑을 떨면서, 북한의 비핵화를 위한 북미정상회담을 갖는 것으로 알려졌다.

심지어 문재인 대통령은 이 회담에서 배제되어 트럼프와 김정은이 만나는 방의 옆방에서 한 시간 동안 기다리는 수모를 겪고서도 이렇게 말했다. '문서상은 아니더라도 사실상의 종전선언을 한 것이며, 본격적인 한반도 평화시대의 선언'이라고 말이다. 그리고 앞으로 북한 비핵화를 위한 북미협상이 열릴 것이라고 말했다.

과연 그랬을까? 전혀 그렇지 않았다. 트럼프가 김정은을 판문점에서 갑자기 만난 것은 북한이 핵무기를 보유한 상태에서 미국과 북한의 관계가 돈독하다는 것을 과시하기 위한 것이었다. 그리고 이것은 하노이에서의 북미정상회담이 결렬된 것이 아님을 보여주는 것이기도 했다. 결렬되었다면 그렇게 사이좋게 만났겠는가?

요컨대 판문점에서의 깜짝 만남은 북한의 비핵화를 위한 회담이 아니었다. 이날 트럼프와 김정은의 만남에서 '북한의 비핵화'란 말은 한마디도 나오지 않았을 것이다. 회담이 끝나고서 트럼프 대통령은 '2,3주안에 실무회담을 하기로 했다'고 발표했는데, 이렇게 말한 것은 실제로 실무회담을 할 생각이 있어서가 아니라, 이런 말도 하지 않으면 북한의 비핵화를 위한 회담이 아니라는 비난이 있을 수 있다고 보았기 때문이다.

이처럼 2,3주 안에 실무회담을 한다는 말을 했으면서도 트럼프는 미국에 돌아가서는 '시간에 구애받을 필요가 없다'고 말하고는 그 후 실무회담이 열린 적이 없다. 지금까지도.

이러니 어떻게 트럼프 대통령이 북한의 핵무기 보유를 용인했다고 보지 않을 수 있겠는가!

이처럼 판문점에서의 북미정상회담은 미국이 북한의 핵무기 보유를 용인하면서 북한과 미국의 관계가 좋음을 과시하기 위한 것이었으니, 그동안 북한의 핵무기 보유를 반대해온 이 땅의 보수세력은 북한의 핵무기 보유를 용인한 트럼프를 규탄해야 할 텐데 광화문에서 트럼프 환영대회를 열었고, 미국이 북한의 핵무기 보유를 용인할 것을 바라온 이 땅의 진보세력은 북한의 핵무기 보유를 용인한 트럼프를 환영해야 한 텐데도 광화문에서 트럼프 규탄대회를 열었다.

이것이 이 땅의 보수와 진보이니, 이러고서야 어떻게 북한의 핵무기를 없앨 수 있겠나?

더욱이 미국이 북한의 핵무기 보유를 용인하면서 북미관계를 정상화하게 되면 남한은 낙동강 오리알 신세가 될 가능성이 대단히 크다.

10) 트럼프가 재선될 경우 북한 핵문제는 어떻게 될까?

트럼프가 재선될 경우 트럼프는 당연히 북한의 핵무기 보유를 용인하면서 북한을 중국에서 떨어져나와 미국편에 서게 할 것이다. 그리고 북미관계를 정상화한다면서 북미정상회담을 평양과 워싱턴에 열려고 할 것이다. 다만 김정은은 신변안전의 문제로 미국 방문을 자제할 것이다.

이 경우 한국 곧 남한이 어려움에 처할 텐데, 이에 대한 대처가 있어야 하겠다.

그리고 트럼프가 북한의 핵무기 보유를 용인할 경우 중국은 이를 결코 좌시하지 않을 것이다. 중국은 대체로 미국을 통해서 북핵문제가 해결되기를 바랐었는데, 미국이 북핵을 용인하면서 북한을 미국 편으로 끌어들이려고 하니 중국으로서는 이를 결코 용납할 수가 없다.

그래서 중국은 북한에서 친중쿠데타가 일어나게 해서 김정은 정권을 붕괴시키고 친중정권을 들어서게 해서 핵무기를 폐기하도록 할 계획을 치밀하게 짜고 있을 것이다. 중국은 이를 통해 북한을 중국에 예속시키려 할 것이다. 동북공정의 목표도 여기에 있기 때문에 더욱더 그렇다.

우리로서는 이런 일이 일어나지 않게 해야 하고, 이것을 막을 수 있는 현실적인 힘은 미국에게 있다. 이래서도 우리는 한미관계를 돈독히 해야 한다.

끝으로 북핵문제가 해결되기 위해서는 남한 중심의 한반도 통일이 이루어져야 하고, 그렇게 할 수 있는 때가 도래했다는 점을 강조해 두고자 한다.

4
한반도 통일 어떻게 이룰 것인가?

* 한반도 통일은 남한 중심의 한반도 통일일 수밖에 없는데, 북한은 한반도 통일을 반대하기 때문이다.

* 지금 북한은 핵무기를 4,50기 이상 보유하고 있는 것으로 알려져 있는 데다 분단의 영구화를 획책하고 있고, 그리고 남북한 사이에 긴장이 고조되고 있어 통일을 말하기가 어려운 상황이나 북한의 이런 태도야말로 북한정권이 더 이상 존속하기 어렵다는 점을 말해주기 때문에 지금이야말로 민족통일의 적기라고 할 수 있다. 앞으로 가까운 시일 안에 민족통일이 당면한 과제가 될 것이다.

한반도가 통일되어야 한다. 한민족의 정상적 발전을 위해서도 한반도가 통일되어야 하지만 동북아시아에 평화를 정착시키기 위해서도 통일되어야 한다. 한반도가 통일되어야 하는 것은 한민족만을 위한 것이 아니라 이웃 나라 곧 일본, 중국, 러시아를 위한 것이기도 하다. 한반도가 분열되어 있어 전쟁이 일어나면 이웃 나라들도 피해를 입을 수 있기 때문이다. 특히 북한이 핵무기를 보유한 상태에서 전쟁이 일어나면 핵무기전쟁이 되어 주변

국도 치명적인 피해를 입을 수 있다. 비단 전쟁이 아니더라도 한반도가 분단돼 있는 한 북한이 핵무기를 보유할 수밖에 없고, 북한의 핵무기는 중국과 일본의 국가안보에도 치명적인 타격이 될 수 있고, 미국과 러시아에도 좋은 일이 아니다.

이런 점에서 한반도가 통일되어 통일된 한반도가 핵무기를 갖지 않는 것이 중국, 일본, 러시아 등 주변국에도 좋은 일이다.

그런데 지금 한반도의 정세는 한반도의 통일은커녕 전쟁, 그것도 핵무기 전쟁이 일어날 가능성이 대단히 큰 데다 북한의 김정은 위원장은 남한을 통일 내지 협력의 대상이 아니라 '제1의 적대국, 불변의 주적'이란 점을 헌법에 명기하고 '평화통일' 등의 표현도 삭제할 뜻을 밝혔다. 그리고 '전쟁이 일어나는 경우에는 대한민국을 완전히 점령 평정 수복하고 공화국 영역에 편입시키는 것을 헌법에 반영할' 뜻도 밝혔다. 그러면서 '북과 남을 동족으로 오도하는 잔재적인 낱말들' 예컨대 '헌법에 있는 북반부, 자주, 평화통일, 민족대단결' 등을 삭제할 뜻도 밝혔다. 그러니까 남한과 북한은 완전히 두 개의 독립된 국가일 뿐 통일의 대상이 될 수 없다는 것이다. 분단을 고착시키겠다는 것이다.

이런 상황에서 한반도의 통일을 이루자고 말할 수 있겠는가 하는 의문이 제기될 수 있다.

그러나 필자는 북한의 이런 태도야말로 북한 정권이 더이상

독자적으로 존속하기 어렵게 된 것을 의미하고, 그래서 남한과 북한은 통일될 수밖에 없는 상황에 이르렀음을 의미한다고 본다. 그래서 지금이야말로 한반도 통일을 이룰 수 있는 절호의 기회를 맞고 있다고 본다. 그래서 앞으로 민족통일을 적극 추진해야 한다고 본다.

이 글은 '한반도 통일'의 관점보다 '한민족 통일' 곧 '민족통일'의 관점에서 한반도 통일문제를 다루고자 한다. 한반도 통일의 주체는 한민족이기 때문이다.

1) 민족통일이 왜 이루어져야 하는지를 국민이 알아야 한다.

민족통일이 이루어져야 하는 것은 너무나 당연하지만 민족통일을 회의하는 사람들도 대단히 많다. 심지어 민족통일을 반대하는 사람도 많다.

설사 민족통일이 이루어져야 한다고 생각하더라도 왜 민족통일이 이루어야 하는지 그 이유를 제대로 아는 사람은 드물다. 이래서는 민족통일을 이루기가 어렵다. 민족통일을 꼭 이루어야 한다고 생각하는 사람들이 많아야 민족통일을 이루기가 쉽다. 그래서 민족통일이 왜 이루어져야 하는지를 먼저 밝혀두고자 한다.

민족통일을 회의하거나 부정적으로 생각하는 사람들 가운데는 '통일할 준비가 되어 있지 않은데 어떻게 통일할 수 있나'라든가, '통일을 이루려면 엄청난 비용이 들 텐데 그 비용을 어떻게 감당할 수 있나', '통일되면 엄청난 혼란이 일어날 것', 또는 '지금 민족통일이 이루어진다면 남한이 북한을 흡수하는 흡수통일이 될 텐데 흡수통일은 옳지 않다'고 생각하는 사람들이 많다.

그런데 또 '민족통일을 무리하게 이루려 하기보다 남북한이 공존하는 것이 더 낫다'든가, '통일에 앞서 평화가 먼저 정착되어야 한다'고 주장하는 사람들도 많다. 그러나 남북한이 분단돼 있는 한 평화공존은 불가능함을 알아야 한다. 분단 70여년 동안 평화공존을 위한 대화와 협상, 그리고 합의가 셀 수 없이 많았지만 이 모든 것이 하루아침에 헛일이 되면서 긴장이 격화하고 있다. 그래서 '통일이 없이는 평화가 없다'는 것을 알아야 한다.

요컨대 이런 '민족통일 회의론'은 대단히 잘못된 것인 바, 그 부당성을 거듭 강조해두고자 한다.

(1) '통일준비론'의 부당성

통일만이 아니라 어떤 일도 준비 없이 이루기는 어렵다는 점에서 통일할 준비가 돼 있는 것이 좋다. 그러나 세상의 모든 일이 다 준비가 돼 있어야 이루어지는 것이 아니듯, 통일도 준비가 안 돼 있다고 해서 통일을 이루지 못하는 것은 아니다. 어쩌면 통일은 준비 여부와 상관없이 이루어질 수 있다. 더욱이 대단히 오기 어려운 통일의 기회가 왔는데도 '통일할 준비가 안 돼 있다'는 이유로 민족통일을 적극 추진하지 않는 자세로는 민족통일을 영원히 이루지 못할 수 있다.

통일할 준비보다 통일할 수 있는 정세가 더 중요하다. 다만 준비가 안 되어 있으면 통일의 과정에서 많은 시행착오를 겪을 수 있기 때문에 통일을 준비할 필요는 있다.

독일의 경우, 동서독의 통일을 준비한 측면이 있기는 했지만 통일할 준비가 되어 있었기 때문에 통일을 이룬 것은 아니다. 독일은 통일할 수 있는 정세가 도래했을 때 그 정세에 맞게 통일을 적극 추진해서 통일할 수 있었다.

독일 통일의 초석이 된 '동방정책'의 경우 통일을 목표로 한 것이 아니라, 두 개의 독일이 존재하면서 서로 협력하는 것을 목표로 하는 정책이었다. '동서독기본법'도 마찬가지다. 독일 통일은 고르바초프의 개혁 · 개방정책 등으로 동유럽 공산주의국가들이 붕괴하면서 동서냉전체제가 해체됨으로써 이뤄질 수 있었지, 통일할 준비가 되어 있었기 때문에 이뤄진 것이 아니었다.

통일은 통일여건이 조성되면 갑작스럽게 이뤄지는 것이지, 오랜 기간 준비한다고 이뤄지는 것이 아님을 주목해야 한다. 물론 통일을 준비해야 하는 것은 맞지만 말이다.

(2) '통일비용론'의 허구성

우리 사회에는 통일비용을 걱정해서 민족통일을 반대하는 사람들이 많다. 지식인들이 온갖 논리로 통일비용이 엄청나게 크다는 주장을 한다.

민족통일은 그것으로 얻게 될 편익이나 그것에 들어갈 비용을 따져 판단할 문제가 아니지만, 굳이 따지더라도 통일비용보다 통일편익이 훨씬 더 크다.

민족분단이 지속될 경우 군사적 대치에 따른 국방비, 군사충돌로 인한 인명손실, 이념갈등에 따른 남남갈등, 대북정책을 둘러싼 소모적 정쟁, 국제사회에서의 남북대결 등 이루 말할 수 없는 분단비용이 발생한다.

무엇보다 북한 주민들은 지금 아사지경의 참상에 놓여 있는데, 이것이야말로 민족분단으로 말미암은 최대의 피해다. 이 문제를 해결하기 위해서도 민족통일을 꼭 이루어야 하고, 그리고 이 문제는 민족통일을 통해서만 근본적으로 해결될 수 있을 것이다.

(3) '통일 후의 혼란' 회피 방안

통일 후의 혼란을 걱정해서 통일을 반대하는 사람들이 많다. 통일되면 북한의 가난한 사람들이 남한으로 물밀 듯이 밀려와 사회가 혼란해질 거라고 보는 것이다. 통일되면 어느 정도의 혼란은 발생할 수 있겠으나, 이것은 통일편익에 비하면 사소한 문제다. 더욱이 통일 후의 혼란이 발생하지 않을 방안을 강구하면 된다.

그런데 통일로 생길 수 있는 혼란이 두려워 통일하지 않게 되면 더 큰 위험이 발생할 수 있음을 유념해야 한다. 심지어 분단 상태가 지속되면 전쟁이 일어날 수도 있다. 그래서 혼란이 걱정돼서 통일을 반대하는 건 옳지 않다.

통일 후의 혼란을 최소화하기 위해서는 통일 후 북한사회가 안정될 때까지 최소한 3년 이상 남한과 북한을 분리해서 운영하면 된다. 그 구체적인 실천방안은 뒤에서 자세히 밝힌다.

(4) '흡수통일 반대론'의 부당성

사이비 진보세력과 지식인의 대부분이 남한이 북한을 흡수해서 통일하는 건 옳지 않다고 보아 이를 반대한다. 흡수통일을 반대하는 사람들은 남북한의 합의에 의한 통일 곧 '합의통일'을 주장한다. 북한과의 대화와 교류 및 북한에 대한 지원을 강화하여 북한경제가 발전한 다음 남북한이 대화와 협상을 통해서 통일하면 통일비용도 적게 들고 통일 후 남북한 주민의 위화감도 줄어들어서 좋다는 것이다.

그렇게 될 수 있다면 대단히 좋은 일이다. 그러나 이것은 김정은 정권이 남한과의 대화와 교류에 응하면서 남한의 지원을 받아들여 북한경제를 발전시킬 뿐만 아니라 민족통일에 동의할 때만 가능하다. 그러나 김정은 정권은 민족통일에 동의하지 않는 것은 말할 것도 없고, 남한과의 대화와 교류 및 남한과의 협력, 심지어 남한의 지원마저 받아들이지 않고 있다. 남한과의 대화와 교류만을 받아들이지 않는 것이 아니라 다른 나라와의 대화와 교류 곧 개혁 개방 자체를 거부하고 있다.

이런 상황이니 북한의 연착륙을 기다려서 남한과 북한이 대화와 협상을 통해서 통일한다는 것은 사실상 불가능하다.

그런데 지금까지 전 세계적으로 분단된 국가가 합의해서 통일한 일은 없다. 더욱이 북한의 김정은 정권이 남한과의 통일에 찬성하리라고 생각한다면 그것은 엄청난 착각이다. 더욱이 지난 연말 김정은 위원장은 노동당 중앙위원회 전원회의에서 남한과 북한의 관계를 '더 이상 동족관계, 동질관계가 아닌 적대적인 두 국가 관계, 전쟁 중에 있는 두 교전국 관계'로 규정했다. '두개의 국가' 선언이다. 민족통일이 이루어지면 권력을 유지할 가능성이 전혀 없는 터에 왜 민족통일에 동의하겠는가?

그래서 남북한이 통일하는 방법은 흡수통일일 수밖에 없다. 흡수통일이라고 해서 남한이 북한을 강제로 흡수하는 것은 아니다. 남한이 북한의 동의를 얻어 북한을 흡수하는 것이다. 독일통일이 그러했다. 남한이 북한을 강제로 흡수하려고 해도 할 수가 없다. 북한의 정권이나 인민이 반대하는데도 강제로 북한을 흡수하려고 하면 전쟁이 일어나게 된다. 그렇게 해서 통일한다면, 그것은 무력통일이지 흡수통일이 아니다.

아무튼 흡수통일에 다소 문제가 있다 하더라도 흡수통일 이외에 달리 통일할 방안이 없으니 흡수통일은 불가피하다. 그리고 남북한 사이에 전쟁이 없이 남한이 북한을 흡수해서 통일할 수 있다면 그것은 너무나 좋은 일이다. 흔히 '평화통일'을 주장하는데, 흡수통일도 평화통일이다.

그런데 현실적으로 흡수통일만이 가능하고, 또 북한 주민이 흡수통일을 바라는데도, 북한정권이 이를 반대한다고 해서 흡수통일을 반대하는 것은 '반인민적'이고 '반민족적'이다. 그리고 그것은 반인민적인 북한정권을 돕는 것이다.

통일문제를 판단함에 있어 우리는 북한의 정권 담당자를 중심으로 판단할 것이 아니라 북한 주민을 중심으로 판단해야 한다. 북한의 정권 담당자는 북한정권의 영원한 존속을 바라서 민족통일을 반대하겠지만, 북한 주민들은 빈곤과 공포에서 벗어날 수 있는 가장 확실한 길인 민족통일을 간절히 바랄 것이기 때문이다.

한마디로 흡수통일 이외의 통일방안이 없는 터에 흡수통일을 반대하는 것은 통일 자체를 반대하는 것이나 마찬가지다.

2) 왜 민족통일이 이루어져야 하나?

(1) 한민족의 정상적 발전과 민족도약을 위해서

민족통일이 이루어지지 않고는 한민족의 정상적 발전을 기대하기가 어렵다. 남한정권은 북한을 핑계 대고, 북한정권은 남한을 핑계 대고 각종 규제와 탄압을 가해서 남한도 북한도 정상적으로 발전할 수가 없다. 그러나 민족통일이 이루어지면 이러한 규제와 탄압이 없어져 남한도 북한도 정상적으로 발전할 수 있다.

그리고 이미 대한민국은 제2차 세계대전 후 후진국에서 선진국 대열에 들어선 유일한 나라로서 전 세계에서 경제력 10위, 군사력 6위의 나라가 되었다. 그래서 중국, 일본, 러시아와 어깨를 나란히 할 수 있는 나라가 되었다. 그래서 지난날 널리 인정돼 왔던 '약소국의 서러움'이라든가 '지정학적으로 강대국의 지배를 받기가 쉽다'는 말은 이제 맞지 않다. 그런 데다 지정학적으로나 지경학적으로 아시아 태평양지역의 중심에 위치해 있어 민족통일이 이루어지면 한민족이 웅비할 수 있다. 한반도가 통일되면 4~5년 안에 인구 8,000만 명에 국민소득 4만 달러의 대국이 될 것이다. 무엇보다 남한의 자본 및 기술과 북한의 자원 및 노동력이 결합하면 경제적으로 크게 도약할 수 있다. 이를 발판으로 한민족은 만주로, 시베리아로, 그리고 태평양으로, 동남아로 웅비할 수 있다. 그래서 아시아 태평양시대의 중심국가가 될 수 있을 것이다.

(2) 북한 주민을 빈곤과 공포에서 벗어나게 하기 위해서

북한 주민을 빈곤과 공포에서 벗어나게 하기 위해서도 민족통일을 이루어야 한다.

민족통일이 이루어지지 않는 한 북한 주민들이 빈곤과 공포로부터 벗어나기가 대단히 어려울 것이다. 북한 스스로 경제를 발전시켜 북한 주민들이 잘 살게 하는 것은 불가능할 것이기 때문이다. 그리고 외부에서 지원하는 것으로는 한계가 있다.

북한경제가 발전하려면 개혁개방을 해야 하는데, 북한정권은 정권유지를 위해 개혁개방을 하지 않고 있다. 심지어 북한정권은 북한 주민들이 잘살게 되는 것을 바라지 않는다고 보아야 한다. 북한 주민들이 잘살게 되면 폭압통치에 저항할 것이기 때문이다.

(3) 북한의 핵무기를 폐기하기 위해

북한 핵 문제를 해결하기 위해서는 민족통일을 이루어야 한다. 민족통일로 북한의 김정은 정권이 붕괴되지 않는 한 북한은 핵무기를 포기하지 않을 것이기 때문이다.

남북회담은 물론 6자회담이나 북미회담 등 협상으로 북한 핵 문제가 해결될 가능성은 전혀 없다. 또 경제원조를 많이 한다고 해서 북한정권이 핵무기를 포기하는 일도 결코 없을 것이다. 북한정권은 이미 핵무기를 포기할 의사가 없음을 천명했다. 심지

어 헌법에 핵무력정책을 법제화했고, 심지어 핵무기 사용을 공공연히 언급한다. 지난날 "북한의 체제와 정권의 안전을 보장하면 핵무기를 포기할 수 있다"는 투로 말했지만, 그것은 핵무기를 포기하지 않을 핑계였을 뿐이다. 사회주의체제의 비효율성과 북한정권의 폐쇄성으로 말미암아 체제와 정권의 유지가 어려운 터에, 외부에서 북한의 체제와 정권의 안전을 보장해줄 방안은 없기 때문이다.

그래서 민족통일을 이루어서 통일한국이 핵무기를 보유하지 않아야 북한의 핵무기를 폐기할 수 있다.

(4) 분단비용과 분단피해를 없애기 위해서

민족분단으로 인한 비용, 곧 분단비용과 분단피해를 없애기 위해서도 민족통일을 이루어야 한다.

분단비용이 엄청나다. 우선 남한의 국방비가 국가예산의 9%, 국민총생산의 2.8%인 57조 원이나 된다. 북한도 그에 못지않게 들 것이다. 민족통일이 이뤄지면 그 비용이 절반으로 줄어들 것이다. 보통 국방비는 그 나라 국민총생산의 1% 정도이기 때문이다.

또한 20대 초의 젊은이 거의 전부가 1년반 내지 2년간 군 복무를 하는데, 이것은 국가발전에 상당한 지장이 된다. 민족통일이 이뤄지면 군 복무를 하는 젊은이가 대폭 줄어들 것이다.

분단으로 인한 피해는 설명할 필요가 없을 정도로 너무나 크다.

(5) 한반도에서 전쟁이 일어나지 않게 하기 위해서

남북한이 통일되지 않고 분단되어 있는 한 남북한 사이에 갈등과 분쟁이 끊임없이 일어나게 되어 있고, 이 갈등과 분쟁은 전쟁으로 발전할 수 있다. 그래서 한반도에서 전쟁이 일어나지 않게 하기 위해서는 민족통일을 이루어야 한다.

그리고 전쟁이 일어나면 핵무기전쟁으로 발전할 수도 있는데, 그러면 많은 국민이 죽음에 직면할 것이다. 설사 핵무기를 사용하지 않더라도 엄청난 살상이 일어날 것이다.

'70여 년간 전쟁이 없었고, 또 전쟁이 일어나면 남북한 모두가 엄청난 피해를 입을 텐데 어떻게 전쟁을 벌일 수 있겠는가'라고 반문하는 사람들이 많다. 그러나 70여 년간 전쟁이 없었다고 해서, 또 전쟁이 일어나면 남북한 모두가 엄청난 피해를 입는다고 해서 전쟁이 일어나지 않는다는 법은 없다. 남북한 사이의 긴장을 조성해야 정권을 유지할 수 있는 김정은 정권은 끊임없이 도발하게 되어 있고, 이 도발은 언제라도 전쟁으로 발전할 수 있다. 더욱이 지난 연말 김정은 위원장은 '유사시 핵무력을 포함한 모든 물리적 수단과 역량을 동원해 남조선 전 영토를 평정하기 위한 대사변 준비에 계속 박차를 가해 나가겠다'고까지 말했다.

물론 정권유지를 위한 긴장 조성용 발언인 측면이 있지만, 긴장이 조성되다 보면 전쟁이 발발할 수도 있다.

또 북한의 김정은 정권도 만약 남북한 사이에 전쟁이 일어나면 자신들이 망한다는 것을 잘 알기 때문에 전쟁을 벌이지는 않을 걸로 보는 사람들도 있다. 그러나 이렇게 보아서는 안 된다. 전쟁은 우발적으로도 일어날 수 있기 때문이다.

(6) 미국과 중국의 틈바구니에서 벗어나기 위해서

민족통일이 이루어지지 않고 분단되어 있는 한 남한은 미국과 중국의 틈바구니에서 벗어나기 어렵다. 북한도 비슷하다.

지금 미국과 중국이 크게 격돌하고 있다. 미국은 중국포위전략을 구축하면서 한국의 참여를 요구하고 있고, 중국은 이를 저지하기 위해 안간힘을 쓰고 있다. 앞으로 미국과 중국의 격돌은 더 심해질 것이고, 두 나라 모두 한국을 자기편으로 끌어들이기 위해 안간힘을 쓸 것이다.

그런데 한국은 미국과의 관계를 돈독히 해야 하지만, 그렇다고 해서 중국과의 관계를 소홀히 해서도 안 된다. 미국 편에 서는 것이 확실하게 되면 중국은 남한 중심의 한반도 통일을 반대하는 것은 물론 북한과의 관계를 개선해서 북한을 지원할 수도 있기 때문이다. 결국 북한과 중국이 한편이 되고 한국과 미국이 한편이 되어, 한국은 중국과 적대적인 관계에 놓일 가능성이 대단히 큰데, 이것은 결코 바람직스럽지 않다.

이렇게 되면 중국은 한국에 대해 경제보복을 할 가능성이 대단히 크다. 지금 한국의 교역량 가운데 중국이 차지하는 비중이 무려 20%나 된다. 이런 상황에서 중국과의 관계가 나빠지면 한국경제는 심각한 타격을 입을 수 있다.

이런 딜레마에서 벗어나려면 민족통일을 이루어야 한다. 민족통일을 이루면 우리의 위상이 크게 높아져, 미국도 중국도 우리를 함부로 대하지 못하는 것은 물론 우리가 미국과 중국이 동북아시아에서 격돌하지 않게 함으로써 동북아시아가 평화지대가 되게 할 수 있을 것이다. 설사 미국과 중국이 격돌하더라도 한반도가 완충지역이 될 수 있다.

3) 민족통일을 위한 남한 정부의 통일전략

(1) 민족통일의 비전 제시

민족통일을 이루기 위해서는 한민족 구성원 모두가 민족통일에 적극 나서도록 해야 하고, 한민족 구성원 모두가 민족통일에 적극 나서도록 하기 위해서는 통일한국의 비전을 한민족 구성원 모두가 공유할 수 있도록 해야 한다. 한민족의 웅비는 말할 것도 없고 아시아 태평양시대의 중심국가는 물론 세계적인 모범국가가 될 수 있음을 인식하도록 해야 한다. 그리고 통일한국은 모든 국민의 기본생활이 국가에 의해 보장된 가운데 자기가 하고 싶은 일을 하면서 자아실현의 보람과 기쁨을 누리며 행복하게 살 수 있는 나라가 될 수 있다는 비전을 제시해야 한다.

(2) 남북한 통합의 기본 원칙 천명

민족통일은 하루빨리 완성되어야 하지만 통일의 과정이 지혜롭지 못하면 엄청난 혼란을 초래할 수 있다. 오히려 그동안 분단돼 있던 것을 잘 활용함으로써 전화위복의 기회가 될 수 있게 해야 한다.

남과 북은 70년 이상 극단적으로 대립해왔다는 점에서도 그 통합이 대단히 어렵지만, 특히 북한사회는 세계에 그 유례를 찾기 힘들 정도의 특수한 체제를 유지해왔다는 점에서 남북한을 통합할 경우 많은 문제가 발생할 수 있다. 그래서 민족통일이 희망과 활력이 넘치는 기회가 되게 하기 위해서는 지혜롭게 통합해야 한다.

그래서 민족통일의 과정에서 지켜야 할 몇 가지 기본원칙을 제시해보고자 한다.

첫째, 민족통일이 이루어지더라도 금방 남북한을 통합할 것이 아니라 북한사회가 정치적, 경제적, 사회적으로 안정될 때까지 최소한 3년 정도 북한을 남한과 분리해서 관리 운영할 필요가 있다.

통일되더라도 남북한이 자유롭게 왕래할 수 있게 할 것이 아니라 휴전선을 유지하면서 5-7개의 통로를 두고서 당국의 허가를 받아 왕래하게 해야 한다. 그러나 많은 사람이 왕래할 수 있어야 하는 것은 당연하다.

둘째, 북한의 산업이 발전하여 북한 주민의 의식주 문제가 해결될 때까지 정부(남한)가 식량과 의약품을 포함한 생필품을 최대한 북한에 공급해서, 먹고살 수가 없어 남한으로 탈출하려는 사람은 없게 해야 한다. 그러나 북한이 살기 어렵다고 해서 무조건 지원할 것이 아니라 북한 스스로 자생력을 가질 수 있도록 지원해야 한다.

셋째, 북한의 산업이 낙후되어 있다고 해서 남한 자본이 북한의 산업을 접수해서는 안 된다.

남한의 자본 및 기술이 북한으로 진출하되, 북한은 토지를 포함한 자원과 노동력을 확보하고 있는 만큼 남한의 자본 및 기술과 북한의 토지를 포함한 자원 및 노동력이 균형을 이루며 효율적으로 결합될 수 있도록 해야 한다.

넷째, 통일되었을 때, 북한의 최고위층은 본인들의 의사에 따라 망명할 수 있게 하고 상당한 규모의 생활비를 제공한다. 그 밖의 북한의 지배층 인사들에 대해서는 일체의 민형사상의 책임을 묻지 않는다. 다만 그들의 특권적 지위는 박탈한다. 필요한 경우 대사면을 한다.

다섯째, 남북한이 실질적으로 통합될 때까지 현재의 북한 정부기구(내각, 법원, 검찰, 경찰 등)를 그대로 유지한다. 다만 각 기관의 중요 책임자는 중앙정부가 임명한다. 이렇게 함으로써 북한 사회의 혼란을 방지함과 아울러 북한 사람들이 남한의 지배를 받는다고 생각하는 일은 없게 해야 한다.

여섯째, 북한사회가 안정될 때까지 일체의 정치활동을 금지하고 자유민주주의 정치체제가 작동할 수 있는 정치적 기반을 구축한 후 정치활동을 할 수 있게 한다. 이를 위해 '북한정치제도정비위원회'를 구성하여, 이 위원회에서 결정하는 바에 따라 정치활동이 이루어지게 한다.

일곱째, 비무장지대는 종합적인 발전계획이 수립될 때까지는 현 상태를 그대로 유지하면서 '한반도 자연생태공원'이 되게 한다. 종합적인 발전계획을 수립하더라도 비무장지대는 도로 및 철길과 최소한의 안전시설만을 설치할 수 있게 하고 거의 원형대로 보존하는 것이 옳다고 본다. 문화시설, 숙박시설 등은 제한한다.

여덟째, 북한의 사회주의 계획경제를 자본주의 시장경제로 전환함에 있어 발생하는 많은 문제들에 대해서는 논의기구를 설치해서 부작용을 최소화할 수 있게 한다.

위의 원칙은 기본방향일 뿐 세부적으로는 검토해야 할 일이 대단히 많을 것이다. 그래서 '남북통합위원회'를 구성해서 구체적인 통합방안을 수립한다.

(3) 남한정부의 통일정책

민족이 분단된 지 80년 가까이 되었다. 앞으로 시간이 갈수록 민족통일은 더욱더 어려워진다. 그런 점에서도 민족통일을 더 이상 늦춰서는 안 되지만, 앞에서 알아본 바와 같이 민족통일을 이루지 못하면 한반도에서 전쟁이 일어나거나 북한을 중국에 빼앗길 수 있기 때문에 지금 민족통일을 적극적으로 추진해야 한다. 더욱이 북한이 핵무기를 보유하고 있는 지금이야말로 민족통일을 이룰 수 있는 좋은 기회이다.

그래서 우리는 민족통일을 이루기 위한 정책을 강구해야 하겠는데, 국민 각계의 역할도 중요하지만 정부의 역할이 가장 중요하다는 점에서 정부가 어떻게 해야 할 것인지를 밝히고자 한다.

첫째, 정부는 민족통일을 국정운영의 최우선과제로 선포하고, 범정부적으로 민족통일을 적극 추진할 것을 밝히고, 이를 실천한다.

특히 국민들에게 민족통일의 당위성과 필요성을 명쾌하게 밝히고, 국민 각계가 민족통일을 위해 적극 나서도록 독려한다.

민족통일이 이루어지면 한민족이 웅비하는 것은 물론 모든 국민이 행복하게 살 수 있는 자아실현의 민주복지국가가 될 수 있음을 밝힌다.

민족통일은 침체된 경제의 돌파구가 되는 것은 물론 젊은이들에게 꿈과 희망을 갖게 할 것이고, 특히 북한동포를 빈곤과 공포에서 구출하게 되리라는 점을 밝힌다.

둘째, 남한의 대통령은 북한의 김정은 위원장에게 '민족통일을 위한 남북정상회담'을 열 것을 제안한다.

만약 김정은 위원장이 이에 응하지 않으면 김정은 위원장의 반민족적 반통일적 성격을 드러내 북한 주민의 분노를 불러일으켜 김정은 정권이 붕괴되게해야 한다.

셋째, 북한동포에게 통일메시지를 전하면서 북한동포를 대대적으로 지원할 계획을 밝힌다.

통일메시지를 통해 북한동포들이 민족통일에 적극 나서게 하면서 민족통일을 반대하는 세력에 대해 불만과 분노를 드러낼 수 있게 해야 한다.

민족통일을 이룸에 있어 북한 주민들의 의지가 대단히 중요하다. 북한의 급변사태도 북한 주민들의 반정부의지가 뒷받침되어야 발생할 수 있고, 급변사태로 들어서게 될 임시정부가 중국에 의존해서 민족통일을 거부하더라도 이것을 비난하면서 남한과 통일하도록 압박할 힘도 북한 주민들에게 있다. 북한 주민들의 태도가 더없이 중요함을 인식해서 북한 주민들이 남한과의 통일을 열렬히 바라도록 대북정책을 강구해야 한다. 그리고 북한동포를 돕는 민간차원의 사업도 최대한 허용해야 한다.

넷째, 정부는 '한반도의 비핵화와 통일을 위한 국제회의' 곧 남북한과 미국, 중국이 참여하는 '4자회의'(2+2회의)를 추진한다.

한반도에서 전쟁이 일어남이 없이 북한 핵문제를 근본적으로 해결하기 위해서는 남한 중심의 한반도 통일이 이뤄져야 함을 미국과 중국이 알 수 있도록 설득해서 '4자회의'에 참여토록 해야 한다. 이 국제회의에 북한정권이 참여를 거부하거나 한반도의 비핵화와 통일에 동의하지 않을 경우 북한정권은 북한 주민의 분노와 저항에 직면해서 김정은 정권이 붕괴되는 사태가 벌어질 수 있다.

그래서 한반도 주변 4대 강국을 상대로 통일외교를 적극 전개해야 한다. 미국과 중국, 일본, 러시아에 대통령특사 등을 보내서 남한 중심의 한반도 통일이 이들 나라의 국가이익에 도움이 되리라는 점을 밝히고, 남한 중심의 한반도 통일을 적극 지원해주도록 설득해야 한다. 북한 핵문제의 해결을 통해 동북아시아에 평화가 정착되면 미국과 중국, 일본, 러시아 모두 경제적으로도 큰 이익을 얻을 수 있음도 설득해야 한다.

위와 같은 정책을 밝힘으로써 남북한 국민 모두가 민족통일이 임박한 것으로 생각하도록 해서 한반도에 통일분위기가 팽배토록 해야 한다. 한반도에 통일분위기가 팽배하면 누구도 민족통일을 반대하기 어렵고, 그런데도 통일을 반대하면 제거될 수밖에 없다.

지금 나라 안팎이 대단히 어렵다. 무언가 돌파구를 찾아야 하겠는데, 민족통일은 가장 효과적인 돌파구가 될 것이다. 더욱이 민족통일은 돌파구의 차원을 넘어 엄청난 대박이 될 것이다. 경제만 대박이 아니라 교육, 문화, 외교 등 사회의 전 부문에 걸쳐 대박이 될 것이고, 그야말로 민족웅비의 기회가 될 것이다. 이 모든 것을 이룰 수 있는 민족통일을 위해 남북한 국민 모두가 최선을 다해야 하겠다.

이러한 통일정책으로 민족통일을 이루기 위해서는 이러한 통일정책을 강구할 정권이 나와야 한다. 그래서 민족통일을 이루겠다는 정치세력이 집권할 수 있게 해야 한다.

(4) 중국이 남한 중심의 한반도통일을 지지하게 할 방안

민족통일 곧 한반도 통일이 이루어지게 하는 데 가장 중요한 것이 중국이 남한 중심의 한반도 통일에 동의하고 지원하게 하는 것이다. 중국이 남한 중심의 한반도 통일을 지원할 수 있을까? 중국이 북한의 핵무기 보유를 싫어하고 또 지금 중국과 북한의 관계가 좋지 않은 것은 사실이지만, 그렇다고 해서 중국이 북한을 포기하는 일은 결코 없을 것이라고 주장하는 사람들이 많다. 미국과의 대결에서 북한은 전략적 완충지역으로서의 가치를 지니고 있기 때문이라는 것이다.

그리고 중국은 근본적으로 한반도의 통일을 반대할 뿐만 아니라 북한 지역을 중국에 병합할 야욕을 가지고 있는 것으로 보는

사람들이 많다. 중국 정부가 '동북공정'이란 역사왜곡을 하는 이유도 거기에 있다고 본다.

그런 점이 분명히 있다. 그러나 북한이 핵무기를 보유하고 있지 않을 때는 위와 같은 주장이 타당할 수 있다. 그러나 북한이 핵무기를 보유하고 있는 한 북한은 전략적 완충지역이 될 수 없는 것은 물론 병합의 대상도 되지 못하고, 오히려 중국에 적대적인 국가가 되어 중국의 국가안보와 국가발전에 심대한 장해가 될 수 있다. 그래서 종전의 인식이 크게 바뀔 수 있다.

무엇보다 중국은 북한의 핵무기 보유를 용납할 수 없는데, 그 이유는 이렇다.

첫째, 북한의 핵무기는 중국의 국가안보를 크게 위협한다.

북한이 핵무기를 보유하고 있지 않으면 중국과 북한의 사이는 좋을 수 있으나 북한이 핵무기를 보유하고 있는 한 중국과 북한의 관계는 나쁠 수밖에 없다. 관계가 나쁜 이웃 나라가 핵무기를 보유하고 있으면 국가안보에 크나큰 위협이 되지 않을 수 없다. 북한에서 베이징까지의 거리는 700km 정도밖에 안 된다.

북한의 핵무기 보유는 남한과 미국을 겨냥한 것이기도 하지만 중국을 겨냥한 점이 더 클 것이다. 북한은 미국보다 중국을 더 두려워하고 있고, 그래서 북한의 제1적은 남한이나 미국이 아니라 중국일 수 있다. 지금 중국과 북한의 관계가 나쁘지 않은 것처럼 보이지만 그것은 겉보기일 뿐이다. 김정은과 시진핑이 집권한 이후 10년이 경과했는데, 2018년 트럼프 대통령의 북폭위협이 거셀 때 이에 대한 대응 차원에서 북중정상회담이 서너 차례 열렸을 뿐 그 후 정상회담 한번 제대로 열리지 않고 있다. 북중관계가 좋지 않음을 상징적으로 보여준다.

둘째, 북한의 핵무기 보유가 장기화되면 한국, 일본, 대만도 핵무기를 보유하게 될 텐데, 이것 또한 중국의 국가안보에 중대한 위협이 된다.

셋째, 북한의 핵무기 보유가 오래 지속되면 북한은 중국에 등지면서 미국 편에 서게 될 것인 바, 이것은 중국의 국가안보에 심각한 위협이 될 것이다.

그래서 중국은 6자회담 등을 통해서 북한 핵문제를 해결하려 했으나 실패했다.

그러기 때문에 중국은 남한과 협력하여 남한 중심의 한반도 통일이 이루어지도록 해서 통일된 한반도가 핵무기를 보유하지 않도록 하려고 한 일도 있다. 박근혜 정부 때 중국의 시진핑 주석이 한국과의 관계 강화를 위해 많은 노력을 했었고, 심지어 남한으로 하여금 한반도 통일을 이루는 데 협력할 의사가 있음을 밝히기까지 했었다.(*주 참조)

지금까지 미국과 북한은 적대관계에 있었지만, 미국은 북한의 핵무기 보유를 용인한 채 북한을 미국 편으로 끌어들일 가능성이 대단히 크다. 트럼프 대통령이 그렇게 하려 했다. 이렇게 되면 북한은 중국에 심각한 위협이 된다. 이런 일이 일어나지 않게 하기 위해서도 중국은 북한이 핵무기를 보유할 수 없게 해야 한다. 심지어 핵무기를 보유한 북한을 그대로 두는 것보다 남한 중심의 한반도 통일이 이루어지게 해서 통일된 한반도가 핵무기를 보유하지 않은 상태에서 미국과 중국의 완충지역이 되는 것을 바랄 수 있다.

그러나 중국이 남한 중심의 한반도 통일을 적극 지지할 수 있도록 하기 위해서는 한국 정부는 다음과 같은 것을 중국에 약속해야 할 것이다. 통일된 한반도는 핵무기를 보유하지 않을 것, 한미동맹이 해체되고 주한 미군이 없을 것, 그리고 통일된 한반도가 미국 주도의 중국 포위전략에 참여하지 않을 것 등이다.

우리로서는 중국이 남한 중심의 한반도 통일을 지지 지원해서 통일을 이룰 수 있다면 위와 같은 것을 약속하지 못할 이유가 없다. 다만 한반도 통일에 대한 미국의 지지를 이끌어내야 하고, 또 미국과의 관계가 나빠져서는 안 되기 때문에 주한 미군의 경우 한강 이남에만 주둔하게 할 수 있을 것이다. 이것은 중국의 국가이익에도 부합할 것이다.

여기다가 한반도 주변 강대국인 미국과 일본, 러시아도 북한의 핵무기 보유를 싫어하는 바, 이것은 남한 중심의 한반도 통일을 지지할 수 있게 하는 요인이 된다.

그런데 중국은 북한 안에 있는 친중인사를 활용해서 쿠데타를 일으켜 김정은 정권을 붕괴시키고 친중정권이 들어서게 해서 핵무기를 없앰과 동시에 북한을 중국에 예속시키려 할 가능성이 대단히 크다. 이렇게 하면 북한의 핵무기는 없어지겠지만 북한이 중국에 예속될 것이어서 한국으로서는 절대로 이것을 받아들일 수 없다. 그래서 이런 일이 없도록 하기 위해서도 남한 중심의 한반도 통일을 이루어야 한다. 그리고 중국이 북한을 예속시키는 것을 막으려면 한국은 미국과의 관계를 돈독하게 유지해야 한다. 이것을 막을 수 있는 현실적인 힘은 미국에만 있기 때문이다.

이처럼 북한의 핵무기 보유로 남한 중심의 한반도 통일이 이뤄질 수 있는 여건이 조성되어 있기 때문에 우리는 이를 활용해서 민족통일을 이루어야 한다.

*주 : 중국의 시진핑 주석이 남한 중심의 한반도 통일을 지지할 뜻을 밝힌 일이 있다. 2016년 9월 초 중국의 전승절 행사에 참석했던 박근혜 대통령에게 그런 뜻을 밝혔다. 박근혜 대통령은 시진핑 주석과 한중정상회담을 하고 돌아오면서 "북한 핵 문제 등을 해결하는 궁극적이고 확실한 가장 빠른 방법은 평화통일"이라고 말하면서, "앞으로 한반도의 평화통일을 위해서 중국과 협력해나가기로 했다"고 밝혔다. 발언의 취지로 보아 '북한 핵 문제를 해결하기 위해서는 남한이 중심이 되어 한반도의 통

일을 이루어야 한다'는 것을 시진핑 주석과 합의했음을 드러내는 발언이었다. 그리고 이것은 '중국이 남한 중심의 한반도 통일을 지지하기로 했다'는 것을 의미하기에 충분했다. 그런 데다 박근혜 대통령은 귀국해서 정식으로 보도자료를 통해 '중국이 한반도 통일을 단계적으로 지원하기로 했다'고 발표한 바 있다. 이것은 한반도 통일을 위해 대단히 중요한 일이었다.

이처럼 중국의 국가원수가 남한 중심의 한반도 통일을 지원할 뜻이 있음을 드러냈는데도, 한국 지식인의 대부분은 이것을 좋은 일로 받아들이기는커녕 박근혜 대통령이 시진핑 주석과 합의한 내용을 성토했을 뿐이다. 이른바 진보진영은 "민족통일을 이루려면 남북관계를 좋게 해서 북한과 상의해야 하는데, 중국과 상의해서 통일한다는 것은 말이 안 된다"고 비난했고, 이른바 보수진영은 "통일하려면 중국에 앞서 미국과 상의해야 하는데, 중국과 상의해서 통일한다는 것은 말이 안 된다"고 비난했다. '종북 진보'와 '친미 보수'의 본색을 드러내 보여주었다.

중국은 북한의 핵무기 보유로 말미암아 남한 중심의 한반도 통일을 지원할 수 있게 되었고, 이것이 박근혜 대통령과 시진핑 주석과의 정상회담에서 확인된 바 있다. 우리는 중국의 이런 자세를 활용해서 민족통일을 이루어야 한다.

〈부록〉

[보론] 어떻게 이재명을 막을 것인가

[부록] 특권폐지운동본부

- 국회의원의 불법적이고도 파렴치한 특권!
- 고위공직자 출신의 '전관예우'라는 이름의 '전관범죄'!

[보론] 이재명을 어떻게 막을 것인가?

* 이글은 '이재명이 대통령이 되는 것을 어떻게 막을 것인가'라는 질문에 장기표 대표가 대답한 내용을 정리한 것이다.

패배, 솔직하게 인정하자

2024년 4월 10일. 22대 국회의원 총선이 있었다. 총선 결과는 한마디로 집권 여당인 〈국민의힘〉 참패였다. 일부 보수 우파 논객들 중에는 '참패가 아니다. 득표율 차이는 더불어민주당 50.56%, 국민의힘 45.08%로 5.48%포인트 차이에 불과하다' '의석수는 70석 차이가 나지만 실제로 민주당하고 득표 차이는 5.5%일 뿐이다. 너무 기죽지 말자!' 이렇게 말을 하는 경우가 있다. 하지만 이는 '정신승리' 일뿐이다.

그런 논리로 말하자면, 보수와 진보, 양쪽은 항상 35%씩의 고정지지층을 갖고 있기 때문에 모든 선거가 진 쪽도 없고, 이긴 쪽도 없는 선거가 된다.

현실적인 총선 평가는 의석수를 기준으로 하는 것이 맞다. 22대 총선 결과는 윤석열 정부에 대한 국민의 준엄한 회초리라고 보는 것이 정확한 인식이다.

여기서 한 가지 분명히 해야 할 것은 국민이 이재명과 조국의 실체를 몰라서 그들을 당선시키고 여당에 패배를 안겨준 것이 아니라는 점이다. 여당의 기록적 참패는 '윤석열 심판'이라는 절박한 과제가 다른 모든 이슈를 압도했기 때문에 발생한 일이다.

현 집권자가 노출시킨 한계는 국민의 입장에서 가장 먼저 처리해야할 현재 진행형 과제이다. 반면, 이재명은 그가 아무리 나쁜 인간이라 해도 어차피 나중에 심판해야할 미래형과제였던 것이다.

오만에 빠진 윤석열

그렇다면 여당 총선 참패의 핵심원인은 무엇일까? 그것은 윤석열 대통령의 오만과 독선, 그리고 그에 따른 실정(失政)때문이다. 이를 부인해서는 안 된다.

윤석열 대통령은 어떻게 오만했을까? 상징적인 대목이 있다. '59분 대통령'이라는 별명이 있다. 1시간 회의를 하는데 대통령이 59분 동안 자기가 말한다는 전설 같은 사건에서 나온 별명이다. 물론 과장 섞인 말이겠지만, 오죽했으면 이런 별명이 나왔겠나 싶다.

윤석열 정부 특유의 오만함은 무엇보다 '인사'에서 드러난다. 윤석열 정부 출범 1년 5개월 동안 국회의 인사 청문보고서 채택 없이 임명된 장관급 인사는 모두 18명에 달한다. '인사'에 관한 한 다양한 반대의견을 무자비하게 돌파해 온 것이다. 가히 막무가내식 인사라고 할 수 있다.

심지어 이상민 행정안전부 장관의 경우, 이태원 참사와 관련해 국회가 탄핵 소추를 의결하는 바람에 167일 동안이나 장관 공석 상태가 되었는데 이 상황을 그대로 방치하면서 그를 계속 장관 자리에 놔두는 무리수를 두기도 했다. (결국 이태원 참사로 인해 도의적이건, 정치적이건 대통령이 책임을 물은 고위 공직자는 아무도 없다.)

검사들을 너무 많이 중용한 것도 문제다. 예를 들어 금융위원장을 검사 출신으로 임명했다. 아무리 검사시절 금융 관련 수사를 도맡았다고 해도 그 전문성에 의문을 갖지 않을 수 없다.

방송통신위원장도 그렇다. 윤석열 정부는 방송통신위원장도 검사출신을 임명했다. 검사가 방송통신 문제에 대해 과연 얼마나 전문성이 있을까? 이러니 검찰공화국 소리가 나와도 할 말이 없다.

윤석열의 원죄

윤석열 대통령은 2011년 부산저축은행 사건 당시 조우형을 무혐의 처리했던 원죄가 있다. 그 때 조우형은 검찰 조사를 받기 전 김만배에게 도움을 요청했다. 이 때 김만배는 조우형에게 이렇게 말했다.

"일단 출석해, 검찰청에 올라가면 커피 한잔 마시고 그냥 가라 할 거다."

일부 보도처럼 윤석열 검사가 피의자로 온 사람에게 직접 커피를 타줬을 가능성은 아주 낮지만, 어쨌든 검찰청으로 불려간 조우형이 조사다운 조사도 없이 그냥 나왔다는 것은 분명한 사실이다.

문제는 4년 후인 2015년, 조우형이 같은 혐의로 수원지검의 수사를 받고 구속되었다는 것이다. 결국 그는 2년 6개월의 실형을 받았다. 똑같은 사건인데 2011년도 윤석열 검사에게 조사받았을 때는 그냥 걸어 나온 사건이 4년 뒤에는 유죄 판결을 받았던 것이다. 왜 이런 일이 벌어졌을까?

그것은 김만배가 조우형을 구하내기 위해 박영수를 변호인으로 선임했기 때문이었다. 당시 수사검사는 윤석열이었고, 김만배는 중수과장 윤석열과 제일 친한 사람을 물색한 끝에 박영수를 조우형의 변호사로 선임했던 것이다. 윤석열은 박영수가 중수부장을 할 때 그 밑에 있었기 때문에 박근혜 특검 이전부터 윤석열과 박영수는 잘 아는 사이였다.

박영수는 조우형 변호를 계기로 김만배와 연결되었고 김만배 등은 그 무렵 본격적인 대장동 개발 사업을 기획한다. (화천대유 자본금 3억 1천만 원 중에 박영수가 3억을 투자했고, 김만배가 넣은 돈은 천만 원에 불과하다.)

바로 이 지점, 즉 박영수와 인간적으로 끊을 수 없는 관계에 있었다는 사실이 윤석열 대통령의 원죄이자 약점이다. 하지만 대통령은 사인(私人)이 아니다. 대한민국의 국법 질서를 바로잡아야 하는 사람이다. 만약 국가의 미래를 질곡에 빠트릴 지도 모르는 위협이 발생한다면 설사 자신과 어떤 연관 고리가 있다 해도, 스스로 몸을 던져 악의 원천을 솎아 낼 수 있는 배짱과 용기가 있어야 한다. 그래야 대통령을 하는 의미가 있다.

내가 윤석열 대통령에게 물러나라고 요구하는 이유가 여기에 있다. 이런 용기가 없다면 '국가를 위해서'가 아니라 '권력이 좋아서' 대통령을 하는 것 밖에 되지 않는다.

윤석열의 대통령 자격이 없다고 보는 이유

나는 2022년 6월 중순 민주당 전당대회(이재명 대표 선출 확실) 두 달 정도 앞둔 시점에서 대통령실 참모를 통해 윤석열 대통령에게 '이재명을 전당대회가 시작되기 전인 지금 구속하지 못하면 앞으로 구속할 수 없다. 당대표가 되면 거당적으로 반대할 테니 어떻게 구속할수 있겠는가?'라는 뜻을 전했다.

그랬더니 '검찰 인사가 끝난 지 얼마 안 되어 시간이 좀 걸릴 것 같다'는 대답이 돌아 왔다. 그 대답이 미심쩍어 그 뒤에도 독촉하는 말을 전했으나 답변이 없었다.

그 뒤에 다시 그 참모를 통해 '박영수를 구속하지 않은 데 대해서 항간에 윤 대통령과의 친분 때문에 구속하지 않는다는 소문이 돌고 있다. 그러니 빨리 박영수를 구속해야 한다!' 라는 의견을 전했다. 하지만 이번에도 답변은 없었다.

김건희 특검은 수용하는게 좋다

대통령이 자기 주변 문제에 대해 과감하지 못하다는 점은 윤석열 대통령의 자질과 자격을 의심케 한다. 대통령은 무엇보다 친인척이나 가족 같은 자신과 직접 관련된 문제에 대해서 확고하고 원칙적이어야 한다. 절대 티끌만큼의 국민적 의혹도 거부하거나 무시해선 안 된다.

예를 들어 대통령 부인이 관련된 문제에 대해서 어떻게 대한민국 검찰이 제대로 조사를 할 수 있을까? 많은 국민들이 그렇지 않을 것이라고 생각한다. 이런 맥락에서 김건희 여사 문제야말로 꼭 특검을 해야 할 바로 그 사안이라고 할 것이다.

내가 김건희 특검을 수용하는게 좋다고 생각하는 이유는 특검을 해도 나올 게 없다고 믿기 때문이기도 하다. 예를 들어 도이치 모터스 주가 조작 같은 문제는 참 애매한 일이다. 주가변동으로 오히려 손실까지 봤다고 하니, 더 더욱 처벌 받을 일은 없어 보인다. 디올백의 경우, 사과하고 넘어가면 될 일이다. "아버지하고 아는 사람이라 해서 받았는데 지내고 나서 보니까 여러 가지로 참 부족한 점이 많았다. 국민 여러분께 죄송하다." 그렇게 사과하고 넘어가면 되는 문제다.

물론 특검을 수용하게 되면 여러 가지로 피곤한 상황에 직면하게 될 것이고 경우에 따라 불필요한 오해를 받을 수도 있을 것이다. 하지만, 진정한 공직자라면 과감히 특검을 수용해서 아예 국민적 의혹을 깔끔히 씻어내는 계기로 활용해야 한다. 이 정도 기백이나 용기도 없다면 처음부터 대통령을 맡지 말았어야한다.

비굴한 협상

그러나 윤석열 대통령은 국가 리더로서 평범한 민간인의 한계를 뛰어넘는 기백과 용기를 보여주기는커녕 총선 패배이후 도저히 이해할 수 없는 비굴한 정치 행태를 보인다. 이른바 함승덕-임혁백 밀사 파문이다.

선거 직후 여야 영수회담을 추진하던 윤석열은 함성득을 불러 자신의 메시지를 이재명 대표에게 전해달라고 요청한다. 그 메시지는 대략 4가지이다.

첫째, 지금 이재명 대표가 수사받고 재판받는 것은 내가 시작한 일이 아니다. 그 책임을 나한테 돌리지 마라. 둘째, 대통령 비서실장 임명에 있어 이재명에게 부담이 될 사람은 임명하지 않겠다. 셋째, 국무총리를 추천해 달라. 넷째, 우리는 국정 동반자다. 이재명 대표와 나는 싸울 일이 없다. 이재명 대표가 대통령 되는데 내가 방해되는 일은 없도록 하겠다.

재미있게도 이러한 사실은 함성득 경기대 정치전문대학원장과 임혁백 고려대 명예교수가 자신들의 물밑대화를 언론에 직접

공개하는 바람에 만천하에 드러났다.

보도가 나오자 여권 내부에선 격앙된 반응이 터져 나왔다. 국민의힘 당원 게시판에는 "진짜 보수 궤멸이다. 지금 탈당하라" "총리 후보를 민주당에 구걸하느냐"는 내용의 글까지 올라왔다.

설마 대통령이 그렇게 말했겠느냐? 라고 의심하는 사람도 있지만, 이러한 보도에 대해 대통령실은 실상 적극적으로 부인하지도 않았다.

무엇보다 언론의 보도과정이 매우 신빙성이 있다. 처음 한국일보에 의해 보도된 이 내용은 동아일보의 추가 취재로 한 번 더 확인되는 매우 이례적인 상황을 거쳤다. 임혁백 교수와 다소 가까운 동아일보가 보도내용 하나 하나를 모두 물어서 전부 팩트체크를 진행했던 것이다.

이 보도가 사실이라는 전제하에 생각해본다면 윤 대통령이 이런 식의 의사 전달을 추진했던 이유는 '김건희 특검'과 '채상병 특검'을 막기 위해서 라고 생각할 수밖에 없다. 이는 정말 비겁하고 비굴한 일이다. 이재명한테 '좀 봐 달라!'라고 얘기한 것이나 다를 바 없다.

대한민국 법치, 왜 무너졌나?

현대 민주정치를 이끌어 가는 3대 요소가 있다. 첫째 법치주의, 둘째 여론정치, 셋째 책임 정치다. 그런데 윤석열 정부는 민주정치의 가장 기본적인 요소라고 할 수 있는 이상 세 가지를 모두 방기하고 있다.

우선, 윤정부는 곽상도, 박영수, 이재명을 구속하지 않음으로써 법치를 붕괴 시키고 말았다. 곽상도 의원 같은 경우 퇴직금이라는 명목으로 돈을 50억을 받았다. 이런 일이 무죄가 된다면 이 나라에 법이 존재할 의미가 없다. 곽상도가 무죄 판결을 받자 한동훈 법무장관은 "2심에서는 저런 일이 없도록 하겠다!"라고 했지만 결국은 그냥 넘어가고 말았다.

대북 송금 사건은 이재명을 구속시킬 절호의 기회였지만, 이 역시 유야무야 되고 있다. 아직도 이재명은 거리를 활보하고 있다. 2018년에 벌어진 울산시장 부정선거 문제는 6년이 지난 2024년 현재 겨우 1심이 끝났을 뿐이다.

수많은 권력형 비리들이 해결 된 것 하나 없이 시간만 끌고 있다. 국민들이 다 잊어버릴 때까지 계속 시간을 질질 끌고 있다. 어떤 사건이 몇 년이나 지나도록 재판진행이 이뤄지지 않는다면 아무도 그걸 기억하고 있을 리 없다.

결국 우리나라에서는 죄를 지으면 처벌받는다는 인식이 점점 사라지고 있다. 이는 중대한 문제다. 국민의 준법 의식을 완전히 파괴하기 때문이다. 그래서 나는 이것이 법치주의가 붕괴된 상태라고 생각한다. 나라를 완전히 엉망으로 만들었다.

법치가 파괴되면 나라의 기강이 무너지고 나라의 기강이 무너지면 도덕과 윤리가 설 자리가 없어지게 마련이다. 이 책임이 누구한테 있는가? 나는 윤석열 대통령에게 있다고 생각한다. 한마디로 무능의 극치다. 그 지독한 무능의 결과 지금은 거꾸로 이재명한테 쫓겨나게 생겼다.

여론 정치에 대한 철학이 없다

윤석열 대통령의 취임 직후에는 50%가 넘는 국민적 지지와 기대가 있었다. 하지만, 이는 초기 현상에 불과했다. 어느 시점에서 부턴가 윤석열 정부에 대한 부정평가가 50~60%에 이르렀다. 이런 지지율로는 국정 운영을 원만하게 할 수 없다.

낮은 지지율에 대해서 윤석열 대통령은 "난 여론에 별로 신경 안 쓴다"고 했다. 대중의 인기에 영합하지 않는다는 것이다. 그러나 강서구청장 선거에서 참패하고, 대통령이 반성해야 된다는 여론이 확산되자 이번에는 윤석열 대통령이 "국민의 뜻은 무조건 옳다" 이렇게 말했다.

나는 이 말이 결국 국민의 뜻 존중하기 싫다는 말로 들렸다. 윤대통령은 정치가 어떻게 여론에 대한 입장을 가져야 하는지 특별한 철학이 없다. 민주주의의 철학이 없는 것이다.

책임정치에 대한 개념이 없다

김진표 전 국회의장이 회고록에서 밝힌 한 대목이 논란이다.

10·29 이태원 참사 직후인 2022년 12월 "이상민 행안부 장관이 책임을 지고 물러나는 것이 옳다"고 대통령에게 의견을 밝히자, 윤 대통령이 '이 사고가 특정 세력에 의해 유도되고 조작된 사건일 가능성도 배제할 수 없다'고 말했다는 것이다.

나는 김진표 전 국회의장이 자기 정치인생을 전체적으로 정리하는 회고록에 '소설'을 써서 남겨두었을 리가 없다고 생각한다. 명예롭게 국회의장에 올랐던 그가 굳이 잡음을 일으켜 현직 대통령하고 다툴 하등의 필요가 없기 때문이다.

이상민 장관을 비롯한 장관인사 문제에 이상하리만치 과도하게 집착하는 윤석열 대통령의 자세는 매우 이해할 수 없다. 그의 이러한 집착 때문에 결국, 이태원사고로 159명이 죽었지만 고위 공직자 중에 정치적으로 책임진 사람은 한명도 없다.

문제는 거꾸로 이상민장관이 '정치적 책임'을 건의했던 사람들은 대통령과 원수가 되는 경우가 많았다는 사실이다. 이명박정부 시절 보건복지부 장관을 지낸 진수희 전 의원은 "여의도연구원 차원에서 이상민 장관을 경질해야 된다는 보고서를 용산에 올리자 윤대통령이 격노했고, 그 직후 여의도연구원장이 잘렸다"고 말하기도 했다.

대체 왜 이런 상황이 발생했던 걸까? 단지 행안부장관 해임이라는 다소 상식적인 건의를 전달했다고 해서 그 사람을 쫓아내기 까지 하다니, 놀라울 따름이다. 이런 상황이라면 앞으로 대통령의 참모들 중에 과연 누가 권력앞에서 정확한 자기 소신을 밝힐 수 있을지 걱정이다. 이런 종류의 리더십은 대통령을 하면 안 된다.

이재명을 막을 수 있는가?

다음 대선을 둘러싼 야당의 상황은 어떻게 흘러갈까? 나는 현재 상황에서 이재명이 민주당의 대선 후보가 되는 것을 막을 방법은 없다고 본다. 설사 사법부의 판단에 의해 이재명이 유죄 판결을 받고 구속된다 해도 달라지지 않는다. 무죄추정의 원칙이 있기 때문에 3심판결이 나오기 까지는 교도소에서도 옥중출마가 가능하다. 더구나 이런 상황에 직면할 경우 민주당은 '정치보복이자 야당 탄압'이라는 논리로 정면돌파를 추진 할 것이다. 즉 이재명이 순교자가 되는 것이다.

물론 나는 이재명이 최종적으로 대통령 자리에 오를 수는 없다고 판단한다. 민주당 대선후보까지야 무리없이 되겠지만, 이재명의 운명은 거기까지 일 수밖에 없다. 결과적으로 대선에서 국민의 선택을 받기는 불가능할 것이다. 우리 국민이 중대한 범죄경력을 보유한 사람을 대통령으로 만들 만큼 바보는 아니기 때문이다.

2025년에 결판난다!

이재명이 대통령이 될 수 있는 유일한 상황은 윤석열 대통령이 탄핵을 당하고 문재인처럼 갑자기 2개월 만에 급하게 대선을 치르는 경우뿐이다.

이 때문에 앞으로의 정세는 이재명을 민주당의 차기 대선후보로 사실상 고착시킨 상태에서 윤석열 대통령의 '탄핵'을 향해 달려 갈 가능성이 매우 높다.

나는 '윤석열 대통령 탄핵'이 2025년에 결판이 날 것으로 예상한다. '탄핵 추진' 측과 '탄핵 반대' 측의 대회전(大會戰)은 2025년에 일어날 것이다.

이렇게 전망하는 이유는 간단하다. 이미 야권에는 촛불집회로 박근혜 대통령을 탄핵했던 경험을 가진 숙련된 장외 세력들이 있다. 이 사람들이 가까운 시일 안에 광화문에서 제2의 촛불 집회를 만들 것이다. 그리고 이렇게 야권 외곽에서 먼저 신호탄이 올라오면, 약간의 시간차를 두고 민주당이 체계적인 조직동원으로 결합할 것이다. 전국 200개 지구당에서 (1개 지구당 별로) 천 명씩만 동원하면 20만 명 정도 동원하는 것은 어렵지 않다. 그리고 이런 상황이 되면 소수의 우파 집회로는 막을 수 없는 지경에 이른다.

최근 우파들은 '박근혜 대통령 탄핵은 잘못됐다'고 평가하는 경우가 많다. 하지만 정치는 합리적인 논리와 상식대로만 흘러가지는 않는다. 그것이 설사 선동꾼의 속임수에 넘어간 대중의 오판이라 해도, 일단 광화문에 100만 명이 5번 정도만 집결하면 어떤 대통령도 그 자리에 제대로 앉아 있을 수가 없다.

사실 이 측면이 민주주의의 어쩔 수 없는 숙명이기도 하다. 민주주의란 곧 여론 정치이기 때문이다. 광화문에 100만 명이 10번 모이면 1천만 명이 모인 것이나 다름없다.

(한 가지 재밌는 점은 현시점에서 윤석열 대통령의 탄핵을 자초하고 있는 사람은 윤석열 자신이고, 반면 윤석열 대통령의 탄핵을 가장 방해하는 세력은 민주당이라는 점이다. 윤석열은 총선이후에도 여전히 오만한 모습으로 국민에게 비춰지며 정치행태의 변화를 보여주지 못하는 반면 민주당은 과도한 정치공세로 국민의 신뢰를 잃고 있기 때문이다. 아마도 민주당이 설치지만 않으면 윤석열의 탄핵이 더 쉬웠을 것이다. 민주당이 너무 오만방지하게 굴기 때문에 그에 대한 거부감으로 윤석열 탄핵론에 공감하지 못하는 국민이 많이 발생하고 있다.)

한동훈 당대표, 윤석열 탈당과 당 분열의 불씨가 된다.

이런 상황에서 국민의 힘은 전당대회를 준비하고 있다. 7.23 전당대회는 당 개혁 방안을 제대로 제시하는 사람이 당대표가 되어야 한다. 윤정부의 미래를 견인할, 집권당의 개혁 과제를 제대로 제시해야 된다. 하지만 비전을 내놓고 제대로 된 노선경쟁을 추구하는 당대표 후보는 없어 보인다. 실망스런 상황이다.

윤석열 대통령과의 관계는 한동훈의 최대 장점이었다. 대통령에게 국민의 뜻을 제대로 전달하려면 대통령과 당 대표의 관계가 원활해야 하기 때문이다. 그런데 이 장점을 한동훈은 상실했다. 지금은 한동훈이 건의를 하면, 오히려 윤석열 대통령이 들어줄 것도 안 들어줄 상황이다.

이런 상황에서 한동훈이 당대표에 당선되면 이는 결국 윤석열 대통령의 탈당으로 이어질 가능성이 있다. 대통령이 탈당하면 국민의힘은 분열할 가능성이 높다. 분당이 될 경우, 100여명의 의원들 중에 한동훈당 70명, 윤석열 때문에 안 따라가는 사람 30명. 이렇게 갈라질 가능성이 있다. 즉 나는 한동훈 당대표의 등장이 국민의 힘 분당이라는 또 하나의 커다란 불씨가 될 것이라고 전망한다.

임기가 3년이나 남은 시점에서 대통령의 탈당은 국가적 혼란을 초래할 수 있다. 대통령이 정당 소속없이 국정 운영을 하기 힘들다. 동시에 '탄핵'이 현실화될 가능성도 높아진다. 탄핵을 국회에서 막아야 할 원내세력이 두 동강 나기 때문이다.

국민에게 시간을 주면 이재명을 막을 수 있다

이래저래 걱정이 아닐 수 없다. 집권 세력이 여러 가지 실망도 주었지만 앞으로 임기가 3년이나 남은 시점에 어떤 나라를 만들겠다는 비전을 제시하지도 못하고 야권의 탄핵 위협에 그대로 노출되었기 때문이다.

만약 대통령 탄핵이 이뤄진다면 우리는 또 다시 60일 안에 긴급하게 대선을 치러야 된다. 이렇게 되면 누가 대통령이 될까? 그 경우, 당연히 해당 시점의 제1야당 대표가 대통령이 될 수밖에 없다. 바로 이러한 최악의 상황을 막아야 한다는 것이 나의 문제의식이다.

그래서 윤석열이 물러나되 탄핵을 통해서 물러날 것이 아니라 스스로 시간을 두고 물러나야 한다는 것이 나의 대안이다.

"나는 4개월후에 물러나겠다. 그러니 최소 6개월 정도 충분한 시간을 확보해서 좋은 대통령을 뽑기 위한 질서있는 준비를 하자!" 라고 대통령 스스로 대안을 제시해야 한다. 이 경우 이재명이 절대 대통령이 될 수 없다고 확신한다.

국민의 명령이다! 특권을 폐지하라!

국민여러분!

국민의 삶이 대단히 어렵습니다. 무엇보다 양극화가 심화돼 빈곤층은 패배자(루저)로 전락하여 인생이 파탄 나 있습니다. 자살률이 전 세계에서 가장 높은 데다, 한 달이 멀다 하고 일어나는 생활고 비관 가족집단자살은 가슴을 미어지게 합니다. 특히 꿈과 희망을 안고 자기가 하는 일에 매진해야 할 청년들까지도 세상을 비관해서 집안에 칩거하는 이른바 '은둔형 외톨이'가 무려 청년 인구의 2.4%인 24만 명이나 되는 데다 청년자살률 또한 전 세계에서 두 번째로 높습니다.

이런 때에는 국정을 책임지고 있는 정치권이 국민과 아픔을 함께하며 이를 풀어갈 해법을 찾아 제시해야 할 텐데 그러기는 커녕 자기들의 이권 챙기기에 급급합니다.

이러다 보니 우리나라의 정치와 행정 모두가 전 세계에서 가장 저급한 수준입니다. 레가툼이란 영국의 싱크탱크가 조사한 바에 의하면 우리나라의 사법기관에 대한 신뢰지수는 전 세계 167개국 가운데 155위, 정치권은 114위, 정부는 111위라고 합니다. 경제력 10위의 나라인데도 공공기관에 대한 신뢰도가 전 세계에서 꼴찌 수준이라는 것은 공공기관의 고위공직자들이 국민을 위해서가 아니라 자신들의 사리사욕을 채우기 위해서 정치와 행정을 하고 있음을 의미합니다. 즉 그들이 특권을 누리고 있다는 것을 의미합니다.

국회의원, 고위 법관과 검사, 행정부의 고위직 등 고위공직자들이 부당하게 누리는 특권을 없애야 국민을 위한 정치, 국민을 위한 행정이 이루어질 수 있습니다.

그래서 우리는 '특권폐지 국민운동본부'를 결성해서 국회의원을 비롯한 고위공직자의 특권을 폐지하기 위한 운동을 하고 있습니다. 국민 여러분의 적극적인 참여와 성원이 있기를 바랍니다.

그런데 이러한 고위공직자의 특권을 폐지하기 위해서는 국민들이 고위공직자의 특권에 대해 잘 알아야 하겠기에 홍보책자를 만들었습니다. 고위공직자들이 누리는 특권이 얼마나 부당하고 불법적이기까지 한지를 알게 되면 특권폐지운동에 적극 나서지 않을 수 없을 것입니다.

물론 수많은 특권을 누리고 있지만 그 가운데 중요한 특권 몇 가지만이라도 구체적으로 밝히고자 합니다. 주위에도 홍보를 많이 해주시기 바랍니다.

존경하는 국민여러분! 그 나라 정치의 수준은 국민의 수준에 의해 결정됩니다. 국회의원들을 비롯한 고위공직자들이 '특권카르텔'까지 형성해서 엄청난 특권을 누리고 있는데도 지금까지 이를 폐지시키지 못한 데는 국민의 책임도 큽니다. 그래서도 국민이 나서야 합니다. 국민이 나서면 공직자의 특권은 반드시 폐지됩니다.

1. 국회의원의 파렴치하고도 불법적인 특권

국회의원들의 특권을 폐지하는 것이 무엇보다 중요합니다. 국회의원들은 국정운영의 기본방침인 법률과 정책을 결정하는 데다 정부 각 기관을 감사하는 권한을 가지고 있기 때문입니다. 국민의 대표인 국회의원이 특권을 누리지 않음으로써 당당하게 그들의 국정감사권을 행사한다면 고위공직자들이 누리는 특권의 대부분이 폐지될 가능성이 대단히 큽니다. 그러나 국회의원들이 파렴치할 정도의 불법적인 특권을 많이 누리고 있으니, 그들이 다른 정부기관의 특권을 폐지하기가 대단히 어렵습니다. 그래서도 국회의원의 특권을 폐지하는 것이 대단히 중요합니다.

그러면 국회의원이 어떤 특권을 누리고 있는지를 봅시다. 국회의원의 특권이 186가지라는 말이 있는데, 설마 그렇게나 많겠나 싶었지만 하나하나 따져 보니 그렇게 될 수도 있겠다는 생각이 듭니다. 그 가운데 중요한 것 몇 가지만 밝혀두고자 합니다.

1) 우리나라 국회의원의 연봉은 1억5천5백만원(월급으로 약 1,280만원)인데, 이것은 전 세계에서 미국, 일본, 독일 다음으

로 높은 액수인데, 국민소득(GNP) 대비로는 가장 높습니다.

연봉은 세계에서 가장 높지만 국회의 효율성은 가장 낮습니다. 앞에서 말한 정치인에 대한 신뢰도가 전 세계 167개국 가운데 114번째라는 것이 이를 말해줍니다.

그런데 연봉이 높은 것도 문제지만 국회활동을 하지 않아도 월급은 꼬박꼬박 나옵니다. 심지어 죄를 짓고 재판을 받고 있거나 교도소에 갇혀 있어도 월급은 나옵니다. 김남국 의원의 경우 잠적해서 국회에 출석하지 않아도 월급은 나옵니다. 최강욱, 이재명, 노웅래, 하영재 의원 등 기소되어 재판을 받고 있어도 월급은 당연히 나옵니다.

국회의원의 평균재산은 34억원이고, 작년 한 해에 불어난 재산이 1억4천만원이라고 합니다. 이런 부자들이 1억5천만원이 넘는 연봉을 받는다는 것은 말이 안 됩니다.

장경태 의원은 흙수저라며 2021년말 4억5천만원의 재산을 신고했으나 2022년 말에는 재산이 7억원이 되었다고 합니다. 국회의원이 돈 버는 자리가 된 꼴입니다.

그래서 국회의원의 월급을 도시근로자 평균임금인 월 400만원 정도로 해야 합니다. 평균임금이 월 400만원이면 400만원 이하를 받는 근로자도 많다는 뜻입니다. 국민의 대표인 국회의원이 국민의 평균보다 더 많은 월급을 받는 것은 옳지 못합니다.

그런데 월급을 적게 주면 돈 많은 사람만 국회의원을 하라는 말인가라는 반문이 있을 수 있습니다. 또 월급을 적게 주면 부정한 방법으로 돈을 받을 것이라는 주장도 있습니다. 오히려 정반대입니다. 월급을 많이 줄수록 일은 더 적게, 그리고 더 잘못합니다. 월급을 도시근로자 평균임금 400만원으로 해야 돈을 벌기 위해서가 아니라 진정으로 사명감을 가지고 국가와 국민에게 봉사하려는 사람이 국회의원이 될 수 있습니다.

지금 국회의원들은 1년에 약 5억원이 넘는 돈을 받아 씁니다. 연봉 1억5천5백만원에 후원금을 1년에 약 3억원까지 받아 쓸 수 있고, 여기다가 해외여행경비, 자동차 유류비 매월 110만원, 자동차 유지비 매월 36만원, 운전기사 공무원 채용, 항공기, KTX 등 무료, 국회 안의 각종 시설 무료이용 등을 합하면 5억원이 훨씬 넘습니다. 그래서 월급을 도시근로자 평균 연봉 400만원(연봉 5천만원)으로 하더라도 그것이 결코 적은 월급이 아닙니다.

어떤 점에서는 연봉도 줄여야 하지만 자동차 유류비, 운전기사 공무원 채용, 항공기나 KTX 무료이용 등도 없애야 합니다.

2) 사무실 지원비라 하여 입법활동비가 연 2540만원, 정책자료 발간비가 연 1200만원, 정책자료 발송료 연 430만원, 문자메시지 발송료 연 700만원, 야근식대 연 770만원, 차량 유류비 매월 110만원에 차량 유지비 매월 36만원입니다. 그러고도 업무용 택시비가 연 100만원입니다. 그래서 사무실 지원비가 총

1억200만원이 넘습니다. 사무실 지원비가 이렇게 많은 것도 문제지만 이 돈을 제대로 썼는지 확인하는 사람이 없는 것도 문제입니다. 최고의 헌법기관인 국회에서, 그것도 법률을 철저히 지켜야 할 입법부에서 국민의 세금을 함부로 쓰고 있으니 나라의 기강이 바로 설 턱이 없습니다.

그래서 미리 사무실 지원비를 책정해서 지급할 것이 아니라 필요한 경비를 국회사무처에 신청해서 사용하도록 해야 합니다.

나중에 좀 더 자세히 살펴보겠지만 대한민국 국회에서의 회계는 가히 무법천지라고 할 수 있습니다. 우리가 진정으로 분노하는 것은 국회의원들이 특혜를 많이 누려서만이 아니라 그들이 누리는 특혜가 파렴치한데다 불법적이기까지 한 때문입니다.

3) 1년에 2회 이상의 국고지원 해외시찰이 보장되어 있다는데, 이 또한 파렴치한 특권입니다. 시찰할 일이 있으면 그때그때 의원단을 구성해서 해외시찰을 하면 되는 것이지 미리 해외시찰을 보장하고 있다는 것은 특권일 뿐입니다.

얼마 전 국회 기획재정위원 5명이 스페인 등 유럽여행을 하고 왔는데 한 사람당 비행기 삯이 880만원이었고(비지니스석 이용) 보좌관 1명 포함 6명의 경비가 9천만원이었다고 합니다. 명분은 재정준칙을 공부한다는 것이었는데, 스페인인들이 한국에서 배워야겠다고 말했답니다. 그야말로 스페인을 관광하러 간 것이 너무나 분명합니다. 국회의원은 물론 지방의원의 해외여행이 물의를 일으킨 것은 한두 번이 아닙니다. 비난받아도 그때 뿐입니다. 국민의 망각증을 믿고서 나쁜 짓인 줄 알면서도 계속 그런 짓을 합니다.

또 해외여행을 가면 해외공관에서 영접을 하는 경우가 관례화되어 있다는데, 이 또한 파렴치한 특권입니다.

4) 국회의원은 1년에 1억5천만원의 후원금을 받을 수 있고, 선거가 있는 해에는 3억원까지 받을 수 있는데, 이것은 부당함을 넘어 불법적이기까지 한 특권입니다.

선거는 후원금으로 치를 수 있게 하고, 선거에서 15%이상 득표하면 선거비용 전액을 국고에서 환급받을 수 있는데, 이것은 말이 안 됩니다. 선거에 쓰라고 3억원의 후원금을 받게 했으면 선거비용을 국가가 환급해주지 않든가, 선거비용을 국가가 환급해주려면 후원금을 받을 수 없게 해야 합니다.

환급해 준 돈은 원칙적으로 시도당에 기탁하게 되어 있으나 그렇게 하는 사람은 거의 전무한 편이고 모두가 자기 호주머니에 넣습니다. 시도당에 기탁한다 하더라도 그것은 옳지 않습니다. 환급받은 돈은 국고에 귀속하는 것이 옳습니다.

더 큰 문제는 대통령선거와 지방선거가 있는 해에는 평소 받는 후원금 1억5천만원의 2배인 3억원을 받을 수 있는데, 대통령선거와 지방선거가 있는 해라고 해서 추가로 더 받을 수 있는 1억5천만원은 불법적인 것으로 보는 것이 옳습니다. 이 돈을 만약 대통령선거나 지방선거에 쓰면 공직선거법 위반이어서 부정선거가 됩니다. 그래서 이 돈을 대통령선거나 지방선거에 쓸 수 없습니다. 대통령선거나 지방선거에 쓸 수 없다면 이 돈 1억5천만원의 후원금을 왜 받을 수 있게 합니까?

그런데도 선거가 있는 해에는 3억원의 후원금을 받고 있습니다. 이 돈을 대통령선거나 지방선거에 쓰지도 않고 쓸 사람들도 아닙니다. 결국 이 돈을 자기들 재선을 위한 선거운동에 쓰거나 개인적 일에 씁니다. 특권 중에 가장 큰 특권이고, 불법적인 특권입니다. 그래서 우리는 이 조항(정치자금법 제13조)은 헌법상의 평등권을 위반한 위헌법률이라고 판단해서 헌법소원을 제기해 놓은 상태입니다.

이런 불합리한 특권, 불법적인 특권을 아무 양심의 가책이 없이 챙겨온 사람들이 어떻게 국정운영을 잘 할 수 있겠습니까?

5) 국회의원의 후원회비는 주로 재선을 위한 지역구 행사에 쓰는데, 현역 국회의원이 아닌 당협위원장은 후원회를 둘 수 없다는 점에서 특권을 이용해 불법선거운동을 하고 있는 것입니다. 헌법상의 평등권에도 위배됩니다.

6) 19대 국회 이후의 국회의원들에게는 지급하지 않기로 했으나, 19대 국회 이전의 65세 이상 전직 의원에게 매월 120만원을 지급하고 있는데, 이것도 지나친 특권입니다. 국회의원 하면서 누릴 것 다 누린 사람들에게 왜 120만원을 줍니까? 120만원

은 국민연금 가입자의 평균 수령액 53만원의 2배가 넘는 돈입니다. 우리나라에서 120만원의 연금을 받을 수 있는 사람은 공무원과 군인, 교사를 빼고는 지극히 적은 수인데, 국회의원을 했다고 해서 그만한 돈을 연금으로 주는 것은 전혀 옳지 않습니다. 당장 없애야 합니다.

7) 7명의 보좌진에 인턴 2명을 채용할 수 있는데, 이것도 과다한 특권입니다. 보좌진 가운데 한두명은 지역구 당협위원회에서 국회의원의 재선을 위한 선거운동을 하고 있는데, 이것은 불법입니다. 평소에 재선을 위한 선거운동을 하는 것도 불법이지만, 보좌진도 공무원인지라 선거운동을 할 수 없기 때문입니다. 또 보좌진 가운데 한 명을 운전기사로 쓰는데, 이 또한 옳지 않습니다.

독일이나 영국, 프랑스, 일본 등은 국회의원 한 명당 보좌진이 2,3명에 불과하고, 스웨덴 같은 나라는 국회의원 2,3명에 보좌진이 1명입니다. 우리나라도 보좌진을 3명만 두어야 합니다.

입법활동이나 정책개발을 도울 사람이 필요하면 국회사무처에 신청해서 지원받을 수도 있거니와, 기본적으로 국회에는 국회입법조사처와 국회예산정책처가 있어서 입법이나 예산과 관련한 일은 그곳의 도움을 받으면 됩니다.

8) 면책특권과 불체포특권은 이미 시대착오적인 것으로 유언비어성 폭로로 정치의 질을 떨어뜨리거나 범죄자를 보호할 뿐이

기 때문에 국회의 결의로 행사하지 않겠다는 것을 결의토록 해야 합니다.

최근에 우리가 특권폐지운동을 전개한 후 더불어민주당 이재명 대표가 자신은 불체포특권을 행사하지 않겠다고 밝혔는가 하면 국민의힘 김기현 대표도 불체포특권의 포기와 무노동무임금을 제안해서 불체포특권 포기의 경우 국민의힘 소속 국회의원 전원의 서명을 받았다고 합니다. 상당한 진전이기는 하나, 불체포특권의 포기에 그쳐서는 안 되며, 이것이 국회의원의 특권을 폐지하라는 국민의 열화와 같은 요구를 회피하기 위한 수단이 되어서는 안 됩니다.

9) 강원도 고성에 국회고성수련원이 있는데, 사용할 수 있는 사람을 국회의원 본인과 배우자의 직계존비속, 그리고 본인과 배우자의 형제자매들까지 포함시켜 두고 있습니다. 고성이란 곳이 수련하기에 아주 부적합하고 관광하기에 좋은 곳임은 물론이고, 본인과 배우자의 직계존비속이 사용할 수 있도록 한 것은 그런대로 이해할 수 있지만 본인과 배우자의 형제자매까지 사용할 수 있게 해 둔다는 것이 말이 됩니까? 자기들이 누릴 수 있는 특권은 알뜰히 살뜰히 챙긴다는 것을 보여줍니다.

10) 국회 안에는 보건소, 헬스장, 목욕시설, 이발소 등이 있는데 국회의원 본인은 물론 가족까지 무료라고 합니다. 수십억원의 재산에 1억원이 넘는 연봉을 받으면서 이런 것을 공짜로 사

용한다는 것도 염치없는 일입니다.

11) 국회의원들은 지방자치 단체장과 지방의원의 공천에 절대적인 영향을 미치고 있는데, 이것이야말로 엄청난 특권이 아닐 수 없습니다. 공천권을 갖고서 공천헌금을 받는 경우가 대단히 많습니다. 이 특권은 반드시 없애야 합니다.

12) 법적으로 지구당을 둘 수 없는데도 국회의원들은 지역구 안에 국회의원 사무실을 두고서 사실상 지구당 사무실로 쓰고 있고, 또 후원금으로 사실상 재선을 위한 선거운동을 4년 내내 합니다. 국회의원이 아닌 당협위원장들은 지역구 안에 사무실을 둘 수 없고 또 후원금도 모금할 수 없다는 점에서 국회의원의 사무실을 지역구에 두고 후원금을 모금할 수 있다는 것은 특권이기도 하지만 선거의 공정성을 훼손하는 일입니다. 선거의 공정성을 훼손한다는 것은 헌정을 유린하는 것으로 대의민주주의의 토대를 허무는 것입니다. 반드시 척결되어야 합니다. 지역구 안에 국회의원 사무실을 두게 할 바에는 지구당을 부활해서 국회의원이 아닌 당협위원장도 사무실을 둘 수 있게 해야 합니다.

특히 선거와 관련한 국회의원의 특권은 너무나 많은데, 이것은 선거의 공정성을 훼손하는 일이기도 합니다.

국회의원 여러분께 간곡히 요청드립니다. 국회의원의 특권에 대한 국민적 지탄과 분노가 얼마나 큰지를 여러분도 잘 알고 있을 것입니다. 그래서 국회의원 가운데도 국회의원의 특권을 폐지해야 한다고 생각하는 분들이 상당히 많은 줄로 압니다. 다만 특권폐지에 나서자는 말을 먼저 꺼내거나 이에 동의하기를 주저합니다. 혹 '네만 잘 났나' 하는 비아냥거림을 받거나 '왕따'를 당할 수 있어서 말입니다. 그러나 이것을 두려워할 때가 아닙니다. 어떤 사람이 말했듯이 국회의원 특권폐지는 내년에 있을 국회의원 선거에서 최대의 이슈가 될 것이니 말입니다. 이번 기회에 국회의원의 특권을 폐지하는 데 동참함으로써 국민으로부터 존경받는 국회의원이 되기를 바랍니다.

그래서 국회의원의 특권폐지 방안을 다음과 같이 제시합니다.

첫째, 국회의원의 월급을 근로자 평균임금(2024년 약400만원)으로 하고, 일체의 수당을 없애며, 의정활동에 필요한 경비는 국회사무처에 신청해 사용케 한다.

둘째, 보좌관은 3명만 둔다.

셋째, 면책특권과 불체포특권은 헌법개정으로 폐지하되, 그 이전에는 국회의 결의로 행사할 수 없게 한다.

넷째, 선거는 완전한 공영제로 하고, 그렇게 하고서 선거를 위한 후원금 모금과 선거비용 환급은 없애야 하며, 정당에 대한 국고보조금과 선거보조금 지급도 없앤다. 일상적인 정치활동은 당비를 받아서 하면 되고, 또 그렇게 하는 것이 옳다.

특히 선거가 있는 해에는 평소 받을 수 있는 1억5천만원의 2

배인 3억원까지 후원금을 받을 수 있게 한 정치자금법 제13조는 위헌법률이기 때문에 폐지해야 한다.

다섯째, 국민소환제를 도입하여 국회의원의 직무를 제대로 수행하지 못할 때는 지역 유권자의 투표로 해임한다.

2. 법원과 검찰 고위직 출신의 '전관예우'라는 '전관범죄'

우리 사회에 '전관예우'라는 것이 관행처럼 존속하고 있습니다. 이에 대한 비난이 있을 때가 있었지만 그럼에도 불구하고 없어지지 않고 있습니다. '전관예우'란 어떤 소송당사자가 법원과 검찰의 고위직 출신 변호사를 선임하면 수사나 재판에서 이득을 보는 것을 말하는데, 이것은 수사나 재판의 공정성을 훼손하는 것이 대부분이기 때문에 '전관범죄'라고 할 수 있습니다. 이런 점에서 '전관예우'라는 이름의 '전관범죄'는 사법질서를 파괴하는 것으로 대단히 나쁜 일입니다. 그런데도 이런 전관범죄가 관행처럼 굳어져 없어지지 않고 계속되고 있으니 법치주의가 확립될 턱이 없습니다.

소송에서 지면 정말 분통이 터집니다. 소송을 하게 된다는 것은 자기가 옳다고 보아서 소송을 하는 것인데, 상대방이 돈을 많이 주고 검찰 고위직이나 법원 고위직 출신의 변호사를 선임해서 자기가 졌다고 생각되면 얼마나 억울하겠습니까? 실제로 이런 일이 너무 많이 일어납니다. '유전무죄 무전유죄'라는 말이 인구에 회자되고 있는데, 이것은 사실이고 이래서는 공정한 세상이 될 수 없는 것은 물론 사회적 불신과 갈등이 심각해지지 않을 수 없습니다.

누구든 형사사건이나 민사사건에 연루되면 검찰이나 법원 고위직 출신의 변호사를 선임하려고 하는데, 이것은 이미 우리 사회에서 그런 변호사를 선임하면 이득을 보는 것이 사실이기 때문입니다.

그리고 이런 사람들을 변호사로 선임하면 이득을 본다는 것은 수사를 하는 검사나 재판을 하는 판사들이 공정하게 수사를 하거나 재판을 하는 것이 아님을 말해줍니다. 이런 점에서 법원과 검찰 고위직 출신의 변호사들만 범죄를 짓는 것이 아니라 현직 검사나 법관도 범죄를 짓는 것을 의미합니다.

지금 우리 사회에는 사법피해자들이 대단히 많은데, 전관예우라는 이름의 전관범죄 때문임은 물론입니다.

그런데 대법관을 지냈거나 법원장 또는 검사장을 지낸 사람들이 전관범죄를 더 많이 짓고 있으니 대한민국 법조인이 얼마나 부패 타락해 있는가를 알 수 있습니다. 영국의 싱크탱크 레가툼이 조사한 바에 의하면 우리나라 사법기관에 대한 신뢰도가 전세계 167개국 가운데 155위라고 하는데, 우리나라 사법현실을 상당히 정확히 반영하고 있다 하겠습니다.

그리고 '전관범죄'는 수사나 재판의 공정성을 훼손하는 것을 넘어 법치주의를 파괴해서 나라의 기강을 무너뜨립니다. 지금 우리 사회에는 도덕이 붕괴하고 인륜이 파탄나 있는데, 그 주된 이유가 법을 공정하게 집행해야 할 사법기관 곧 검찰과 법원이 수사와 판결을 공정하게 하지 않은 때문입니다.

그런데도 이런 사람들이 대법원장과 국무총리, 국회의원과 장관, 당 대표를 하고 대통령이 되겠다고 나서는 나라입니다. 이것이 이 나라 고위공직자의 자화상이니, 이래서야 어떻게 국민을 위한 정치, 국민을 위한 행정이 이루어질 수 있겠습니까?

대법관이나 법원장, 검찰총장, 검사장 등 법원이나 검찰의 고위직을 지낸 사람들은 변호사 개업을 하지 않아야 합니다. 이들이 소송사건을 맞게 되면 담당 판사나 검사가 영향을 받기 때문이기도 하지만, 30여년간 판사나 검사로 있었으면 이미 먹고살 만할 것이고, 또 600만원 정도의 연금도 받는데, 이런 사람들이 돈을 더 벌겠다고 설치면 다른 사람들은 어떻게 살아갈 수 있겠습니까?

그런데 바로 이들이 '특권 카르텔'을 형성해서 온갖 불법과 부패를 저지르면서 대한민국을 '부패공화국'으로 만들고 있는 것이 진짜 큰 문제입니다. 곽상도 전 의원의 아들이 대장동 게이트의 핵심인물인 김만배 씨로부터 받은 50억원은 누가 보더라도 뇌물인데도 퇴직금으로 간주하여 무죄가 선고됐습니다. 이것은 '대장동 게이트' 관련자들을 보호하기 위한 사전작업이기도 하지만, 근본적으로는 우리 사회의 특권층이 '특권 카르텔'을 형성해서 서로 보호해주고 있음을 말해줍니다. 특권을 폐지해야 '특권 카르텔'도 없어질 수 있습니다.

그래서 '전관예우'라는 이름의 '전관범죄' 척결 방안을 다음과 같이 제시합니다.

첫째, 대법관과 법원장을 포함해서 부장판사 이상의 직급에 있는 고위법관은 퇴임 후 변호사가 될 수 없게 하며, 일반 검사나 판사는 변호사가 될 수 있게 하되 상당한 기간의 경과조치 후에는 일반 검사나 판사도 변호사가 될 수 없게 한다.

둘째, 검사는 검사임용고시를 통해, 판사는 판사임용고시를 통해 임용하며, 퇴임 후 변호사가 될 수 없게 한다.

셋째, 변호사는 변호사자격시험을 통해 자격을 얻도록 한다.

넷째, 판사의 판결이 불법적이거나 부당할 때는 판사를 고발할 수 있게 하고, 잘못된 판결에 대해서는 국가에 배상을 청구할 수 있게 한다.

3. 행정부 안 권력기관 출신의 '전관범죄'

행정부 안의 권력기관, 예컨대 재정경제부, 국토교통부, 감사원, 국세청, 경찰청, 금감원, 공정위 등에서 고위공직을 맡았던 사람들이 퇴임하고서 법무법인이나 대기업에 고문 등으로 취업해서 과도한 수익을 취하는 것 또한 '전관범죄'에 해당합니다.

법무법인이나 대기업이 이 사람들에게 왜 고액의 연봉을 주겠습니까? 이들이 고위직으로 있는 동안 습득한 고도의 국가기밀을 법무법인이나 대기업에 제공하거나 이들이 근무했던 국가기관의 동료나 후배 직원들에게 로비를 해주기 때문일 것입니다. 이들에게 4,5억원을 주는 대신 수십억원 내지 수백억원의 이익을 보기 때문일 것이고, 법무법인이나 대기업이 챙기는 수십억원 내지 수백억원은 국가기관이거나 경제적 약자 또는 일반 국민에게 피해를 입힌 대가일 것입니다. 그래서 이들이 고액의 연봉을 챙기는 것은 '전관범죄'가 아닐 수 없습니다.

국민여러분! 이런 타락하고 부패한 자들이 고위 공직을 맡고 있어서는 국민을 위한 정치, 국민을 위한 행정이 이루어질 수 없습니다. 고위공직자의 타락과 부패를 반드시 척결해야 합니다.

그래서 공직자 부패척결 방안을 다음과 같이 제시합니다.

첫째, 차관급 이상의 고위공직자는 퇴임 후 법무법인이나 일정 규모 이상의 대기업에 취업할 수 없게 한다. 둘째, 공직자가 퇴임 후 국가기밀이나 공직의 권위를 이용해 개인적 이익을 도모하는 경우에는 기밀누설죄 또는 품위손상죄로 엄벌함으로써 공직 퇴임 후 '전관범죄'를 저지를 수 없게 한다. 셋째, 공직자의 부정부패는 모두 징역형으로 처벌하고 연금을 박탈한다.

국민여러분! 그 나라 정치의 수준은 그 나라 국민의 수준에 의해서 결정됩니다. 나라의 주인인 국민이 나서서 정상배를 위한 정치를 끝장내고 국민을 위한 정치를 이뤄냅시다. '만원의 정치혁명'에 동참합시다. 만원씩 내는 국민이 거대한 물결을 이루어 고위공직자의 특권을 폐지함으로써 정치혁명을 이룹시다.

이를 위해 우리는 전국을 돌며 집회와 시위, 농성, 강연회, 토론회를 개최함은 물론 '고위공직자 특권폐지 천만명 서명운동'도 전개할 것입니다.

특히 특권폐지에 동의하지 않는 국회의원이나 고위공직자는 명단을 공개해서 다시는 공직을 맡을 수 없게 할 것입니다.

정상배 정치의 종식과 정치의 정상화를 위한 고위공직자 특권폐지 국민운동에 국민여러분의 적극적인 지지와 참여가 있기를 간곡히 호소합니다.

2023. 6

특권폐지 국민운동본부

위기의 한국, 추락이냐 도약이냐

1판 1쇄 인쇄 2024년 7월 5일
1판 1쇄 발행 2024년 7월 10일
지은이 : 장기표
발　행 : 홍기표
인　쇄 : 정우인쇄
디자인 : 이소영

글통 출판사 출판 등록 2011년 4월 4일(제319-2011-18호)
facebook.com/geultong
e메일 geultong@daum.net
팩 스 02-6003-0276
ISBN 979-11-85032-96-2

가격 : 17,000원